闇の新聞裏面史

販売店主が見てきた乱売と「押し紙」の50年

高屋 肇
Takaya Hajime

花伝社

闇の新聞裏面史——販売店主が見てきた乱売と「押し紙」の50年◆目　次

第7章　裁判所の政治的判断

資料編

はじめに

「押し紙」が深刻な社会問題になっている。

「押し紙」とは、新聞社が新聞販売店に対して買い取りを強要する新聞のノルマのことである。たとえば一〇〇〇人しか新聞の購読者がいないのに、販売店に一五〇〇部を卸して卸代金を徴収すれば、五〇〇部が「押し紙」ということになる。

わたしは五〇年にわたって新聞販売店を経営したこともあって、「押し紙」の実態をつぶさに見てきた。搬入される新聞の四割から五割が「押し紙」になっている販売店も、いまや珍しくない。だれもこの点にはふれないが、新聞業界の水面下では、重病が進行しているのである。いつ死に至ってもおかしくない状況に陥っている。

わたし自身、退職した後、「押し紙」で被った損害の賠償を求める裁判を起こした経緯がある。それほど「押し紙」が多かったのである。

もう三〇年以上前のことになるが、当時、取引をしていた新聞社のひとつが、わたしに多量の「押し紙」を強要しようとしたことがあった。二人の販売局員がわたしの店にやってきて、新聞の搬入部数を一五〇〇部増やしたいと申し入れてきたのである。これが意味するのは、もし、読者を一五〇人増やすことに失敗すれば、わたしの販売店は新たに一五〇部の「押し紙」を負担しなければならなくなる。

販売局員は当たり前のような口調で、

「一〇〇部や二〇〇部は黙って取んなはれ」

と、言うのだった。

「黙って取んなはれとは、どういうことや?」

「来月にはぼくが部長になり、こいつが次長になります」

訪店した二人がそれぞれ昇進するので、昇進祝いに「押し紙」を負担しろということらしい。

「あんたらが部長になろうが、次長になろうが、不当な新聞を取るわけにはいかん。いらん」

「あんたの身のためやで」

「ぼくはそんなのはいやや。ぼくの販売精神に反する」

二人の販売局員はしばらく押し黙った。それから次のような殺し文句を口にしたのである。

「明日からあんたは、新聞を配られへんで。あんたがなんぼ一生懸命に配ろうにも、新聞を卸さへんで。祝いと思って取んなはれ。割引もするから」

新聞の部数を増やすことが販売局員にとっても実績になる。それゆえに新聞社は、新聞拡販に大量の景品を投入する戦略を取る。押しの強い新聞拡張員を前線部隊として現場へ送り込む。それでも目標部数に達しないのであれば、販売店に対して「押し紙」を強要する。すべてこれらの販売政策の背景には、新聞社の部数至上主義がある。

「押し紙」は戦前にもあったようだ。昭和五年ごろには、「押し紙」が強制されていたことが、日本新聞販売協会が編纂した新聞販売史などにも記録されている。いわば日本の新聞業界は、少なくとも八〇年以上も異常な新聞販売の慣行を引きずってきたことになる。

冷静に考えれば、これは実に不思議なことである。というのも、新聞販売の現場を新聞社の裏庭とすれば、豪華な屋敷の中には、社会の不正を監視する新聞記者たちが座を占めているからだ。彼らの視界に裏庭の光景は入らないのだろうか？　窓を開けば、そこで展開されている大問題が簡単に見えるはずだが、あえて見ようとはしない。

新聞社が自己検証の目的で新聞販売問題を報道しないのであるから、その系列にあたるテレビ局も報道には乗り気にならない。フリーライターが雑誌やインターネットで新聞販売の問題を報じれば、高額訴訟で言論を封殺されてしまいかねない。かくて新聞販売の問題は、闇から闇へと葬り去られる。

おそらく紙の新聞は近い将来に衰退して、インターネットなど新しいメディアが主流になるだろう。その時、新聞販売店も消える公算が強い。

とすれば、少なくともわたしが、販売店主として生きた時代の一大特徴である部数至上主義がもたらした弊害を検証して、記録に留めておくことは不可欠な作業である。さもなければ、景品付きの新聞乱売も「押し紙」も存在しなかったことになり、新聞販売史を改ざんされかねない。そんな不信感をわたしは新聞社に対して抱いている。

こんな思いを秘めていた時、フリージャーナリストで「押し紙」問題を追及してきた黒薮哲哉氏から、新聞販売問題を元店主の立場から語る本を制作しないかとの提案を頂いた。

そこで黒薮氏によるロングインタビューを受けて、本書のように全体を構成してもらった。

高屋　肇

平成二三年一一月四日

第1章　新聞の危機とは

◇わたしの廃業宣言

豪快な投げで大相撲の土俵をにぎわせた大関・魁皇が、平成二三年の七月場所で、歴代の最多通算勝星の新記録を達成した後、引退を表明した。三八歳。記録を塗り替えたことに加えて、力士としての寿命が長かったせいか、引退を表明するときの表情にかげりはなかった。

生涯をかけた職から身を退くのであるから、引退を決意した瞬間にこみあげてくる思いは、一言では言い尽くせなかったに違いない。

平成一八年の暮れ、わたしは大阪駅前のマルビルの八階にある日本料理店・大阪車屋で、二人の新聞人と卓を挟んで対座していた。わたしが会食を申し入れた相手は、毎日新聞販売局の山本（仮名）部長と河上（仮名）副部長だった。

かねてからわたしの脳裏で「引退」という言葉が浮き沈みしていたが、両人に対して公式にそれ伝えることにしたのである。もっともわたしの「引退」は、スポーツ選手のように華やかなものではない。また、名をはせた事業家のように、後輩に事業を託して、みずからは悠々たる引退生活を楽しむためのけじめでもない。一抹の後悔の念を内にひめて、職業人としての幕を閉じるのである。

結論を先に言えば、毎日新聞の蛍ヶ池販売所と豊中販売所の経営がゆきづまり、これ以上、赤字を累積させないために廃業するのである。

廃業の決心は固まっていたとはいえ、それを切り出す瞬間が迫ってくると複雑な思いがこみ上げてきた。五〇年に渡る「新聞屋」としての人生は決して華やかなものではなかった。毎日新聞の販売店経営で業績のあった店主に贈られる毎日懇話会名誉会員という立派な肩書きはもらったが、むしろ屈辱感に満ちた日々を送ってきた。

「来年の三月末で新聞販売店を廃業します」

わたしが決意を伝えると、一瞬、山本部長の顔に、はっとしたような表情が走った。が、次の瞬間には平静な顔に戻った。それから驚くべき言葉を発したのである。

「それでは残金の半分だけでも支払ってください」

今度はわたしの方がびっくりした。

わたしは毎日新聞社に対して、一〇〇〇万円を超える新聞代金の未払いを累積させていた。しかし、その原因は後述するように特別な事情があった。

「それは承知できない」

わたしが語気を強めると、二人の販売幹部は押し黙ってしまった。気まずい空気が流れる。これ以上話し合いを続けても、「残金を払え」「払う必要はない」の押し問答になるのは明らかだった。

実際、この日は引退の意思を伝えただけで、詳細に立ち入った話し合いはしかなった。しかし、わたしはすでに「引退」を宣言したのであるから、後に引くわけにはいかない。二店の新聞販売店を廃業する方向で動き始めたのである。

◇販売店主の自殺

わたしが毎日新聞社に一〇〇〇万円を超える新聞代金の未払い金を発生させた原因は、「押し紙」だった。これが大企業の負債であれば、大きな負担額ではないが、わたしのように零細な販売店主にとっては重荷になる。

「押し紙」問題はここ数年、週刊誌やインターネット上の報道により、急激に浮上してきたが、新聞関係者のあいだでは、今なお公然の秘密になっている。この問題にだけは絶対にふれないというのが、暗黙の了解になっている。「押し紙」は一部も存在しないというフィクションを前提に新聞ジャーナリズムや新聞社経営を論じてきた。

が、わたしに言わせれば、「押し紙」問題から視線をそらすと、現在の新聞社が陥っている問題を解決する道を発見することができない。五〇年のあいだ新聞社の経営構造の底辺を見てきた者として、そんなふうに断言してはばからない。

わたしがはじめて「押し紙」について知ったのは、新聞業界に入った昭和二九年ごろである。当時、わたしが入店したのは、北摂毎日社という会社が経営する毎日新聞・蛍ヶ池販売所（大阪府豊中市）だった。北摂毎日社は阪急宝塚線の沿線に一一店の店舗を持っていた。蛍ヶ池販売所はそのうちのひとつだった。

後年、わたしがこの店を引き継ぐことになるのだが、当初は店主になりたいという思いがあったわけではない。知人から頼まれて、人手不足を補うために販売店に入店したのである。

当時、日本の新聞各社は専売店制度を導入して、部数至上主義のレールの上を走り始めた時期だった。それゆえに働き手を必要としていたのである。

ある時、わたしは北摂毎日社の社長から、

「毎日本社がうるさいから、新聞拡販に力を入れてくれ」

と、言われた。

蛍ヶ池販売所の配達部数は毎日新聞が約六四〇部、日経新聞が約六〇部だった。社長はこの部数をそれぞれ八〇〇部と一〇〇部にするようにわれわれ従業員に指示した。単純に計算すると毎日は一六〇部、日経は四〇部の増紙である。いわゆる新聞拡販のノルマが課せられたのである。

もちろのこれらの数字は、新聞の発行本社から指示されたものである。

ノルマ達成の期間がどの程度に設定されたのかは、遠い昔のことで記憶していないが、常識的には三カ月程度ではなかったかと思う。

販売店に対して新聞社が新聞拡販の目標を設定して、未達成になった部数は販売店の責任で買い取る慣行、これが「押し紙」制度である。たとえば拡販部数の目標が一六〇部で、一〇〇部しか増やせなかった場合、六〇部を販売店が自己負担する。すなわち六〇部については、読者がいないにもかかわらず仕入れて、卸代金を新聞社に支払うのだ。言葉は悪いが、はっきり言って「ヤクザの商法」である。

新聞販売店の裏に積み上げられた「押し紙」

コンテナ型のトラックを使って回収される「押し紙」

とはいえ当時のわたしは、「押し紙」制度を新聞社の闇として認識していたわけではない。もちろん「押し紙」という言葉も知らなかった。

幸いに蛍ヶ池販売所は新聞拡販のノルマを達成した。ところがどういうわけか、その直後、北摂毎日社は倒産して一一店の店舗はちりじりばらばらに人手に渡ってしまったのである。倒産の原因は不明だが、今にして思えば、新聞拡販のノルマを達成するために、拡販に使用する景品類に経費をかけすぎたことかも知れない。社長は自殺した。

その後、わたしは「押し紙」制度が新聞社の経営構造に組み込まれているのを知った。新聞社は拡販目標を決めて、販売店に「増紙」を求める。しかし、「押し紙」制度があるので、たとえ目標が未達成になっても、最初に定めた目標部数に準じた販売収入を得る仕組みになっている。つまり「押し紙」制度により、販売収入を固定化しているのだ。

それが新聞社の財源を安定させていることは言うまでもない。だから「押し紙」制度を廃止すれば、財源が不安定になり、新聞社の経営構造を抜本的に変えてしまう。ここに「押し紙」問題がタブー視されてきたひとつの原因があるのだ。

◇毎日ジャーナリズムの栄光

わたしは約五〇年のあいだ新聞販売店を経営してきて、毎日新聞社が持つ二つの顔を見てきた。それは、不透明な部分が多い新聞販売と、高い評価の新聞ジャーナリズムである。販売問題については、本書の中で随時ふれるので、毎日の新聞ジャーナリズムに若干ふれておこう。

毎日新聞の紙面の質は高い。たとえば平成二三年度の新聞協会賞八件のうち、毎日新聞の報道は二件を占めた。いずれも毎日新聞東京本社による報道で、受賞対象は大津波襲来（東日本大震災）の瞬間を捉えたスクープ写真と、力士の八百長メールを報じたスクープ記事である。

わたしの脳裏で印象に残っている毎日新聞のスクープとしては、二〇〇〇年一一月五日付けの朝刊が報じた旧石器捏造事件がある。これは考古学の権威である藤村新一氏が次々に発掘していた日本の前期・中期旧石器時代の遺物や遺跡が捏造だったことを暴いたものである。

藤村氏はみずから石器を埋めて、それを掘り出して新発見のように装う自作自演を繰り返していたのである。

毎日新聞の取材班は、カメラを設置して遺跡の発掘現場に張り込み、石器を埋めに来た藤村氏を待った。そしてカメラから一〇メートの所で作業する藤村氏を捉えたのである。古代史の記述を修正させた大スクープだった。

昔は大森実氏など国際感覚に秀でた辣腕記者もいた。『新聞この仁義なき戦い』を著して新聞販売問題を告発した内藤国夫氏も毎日新聞の出身である。ジャーナリストだけではなくて、井上靖や山崎豊子などの小説家も毎日の畑から育っている。

連載コラム「余禄」も質が高い。あらゆる分野のテーマを網羅しており、幅広い知識を身につけるうえでも役立つ。

現役の店主だったころ、毎日新聞の読者から息子さんの学力向上についての相談を受け、わたしは「余禄」を毎日読むように勧めたことがある。

数年後、この読者は息子さんが国立大学に現役合格したことを知らせてくれた。

毎日新聞は紙面が優れているので、わたしは自分で新聞を拡販するときは、景品を使わずにもっぱら紙面そのものをＰＲしてきた。少なくともわたしが現役だったころは、毎日新聞の紙面にひけ目を感じたことはなかった。

しかし、販売部門がかかえる諸問題となると話はまったく別だった。あまりにも歴然としたギャップが編集部門との間にある。

◇新聞の約六割が「押し紙」に

わたしが経営してきた蛍ヶ池販売所と豊中販売所で「押し紙」が深刻になったのは、ここ一〇年ほどである。たとえば廃業を宣言した平成一八年一二月の朝刊の部数内訳は次の通りだった。

【蛍ヶ池販売所】

搬入部数　一七八〇部

実配部数　七一〇部

「押し紙」　一〇七〇部

【豊中販売所】
搬入部数　九七〇部
実配部数　四五四部
「押し紙」　五一六部

【合計】
搬入部数　二七五〇部
実配部数　一一六四部
「押し紙」　一五八六部

これら二店では、実配部数（実際に配達している部数）よりも、「押し紙」の方がはるかに多かった。赤字が累積したゆえんである。

ちなみにここに示した数字は、わたしが経理を依頼していた毎日新聞大阪情報開発のコンピュータに保存されているデータである。わたしが自分で集計したものではなく、第三者による客観的な数字である。

この会社は販売店の経営指導や税務申告の補助などを目的としている関係で、毎日新聞社の販売局にも部数内訳などの情報を伝えているはずだ。

それにもかかわらず毎日新聞社の二人の販売幹部は、「押し紙」を強要していたことを否定し、引退に際して逆に新聞の卸代金の残金を払うように要求してきたのである。

◇「押し紙」でＡＢＣ部数をかさ上げ

読者の中には、搬入される新聞の半分以上が「押し紙」になっていたのでは、もっと早い段階で販売店経営が破たんしていたのではないかと考える人がいるかも知れない。毎日新聞社に対する累積の未払い金が一〇〇〇万円を超える程度では済まないのではないかと。当然の疑問である。

残金の累積が一〇〇〇万円超に収まっていたのは、第一に毎日新聞社から、「押し紙」を負担する代わりに補助金が支給されていた事情がある。たとえば先に言及した平成一八年一二月の搬入部数は二七五〇部（二店の総計）で、毎日新聞社から請求された額は約九一三万円である。正当な請求額、つまり実配部数を対象とした請求額は約二七三万円である。六四〇万円もの過払いになっていた。

そこで採用される販売政策が補助金の投入である。事実、この月にわたしは約一九〇万円の補助金を受け取った。こうしてわたしは「押し紙」で生じる赤字を部分的に相殺したのである。

2006(H18)年 豊中

部数一覧表

月	送り部数(A)			実売部数(B)(セット)	注文部数(C)(B)×1.02
	朝夕セット	朝刊	合計		
1	970	810	1780	459	469
2	970	800	1770	461	472
3	970	800	1770	460	470
4	970	810	1780	463	473
5	970	800	1770	461	471
6	970	800	1770	464	474
7	970	800	1770	459	469
8	970	800	1770	453	463
9	970	800	1770	450	459
10	970	810	1780	461	471
11	970	800	1770	452	462
12	970	800	1770	454	464
合計	11640	9630	21270	5497	5617

損害額一覧表

月	請求金額(A)セット＋朝刊	相当金額(B)注文部数×2296	補助奨励金＋経営補助(C)	損失(A−B−C)	折込広告
1	3,954,850	1,076,824	530,000	2,348,026	
2	3,933,520	1,083,712	570,000	2,279,808	
3	3,933,520	1,079,120	570,000	2,284,400	
4	3,954,850	1,086,008	550,000	2,318,842	
5	3,933,520	1,081,416	495,000	2,357,104	
6	3,933,520	1,088,304	495,000	2,350,216	
7	3,933,520	1,076,824	540,000	2,316,696	
8	3,933,520	1,063,048	540,000	2,330,472	
9	3,933,520	1,053,864	540,000	2,339,656	
10	3,954,850	1,081,416	490,000	2,383,434	
11	3,933,520	1,060,752	450,000	2,422,768	
12	3,933,520	1,065,344	450,000	2,418,176	
合計	47,266,230	12,896,632	6,220,000	28,149,598	

平成 18 年度の部数内訳と金額内訳

2006（H18）年　蛍ケ池

部数一覧表

月	送り部数（A）			実売部数（B）（セット）	注文部数（C）（B）×1．02
	朝夕セット	朝刊	合計		
1	1780	540	2320	730	745
2	1780	520	2300	727	742
3	1780	520	2300	727	742
4	1780	540	2320	724	739
5	1780	520	2300	723	738
6	1780	520	2300	720	735
7	1780	520	2300	719	734
8	1780	520	2300	718	733
9	1780	520	2300	709	724
10	1780	530	2310	710	725
11	1780	520	2300	711	726
12	1780	520	2300	710	725
合計	21360	6290	27650	8628	8808

損害額一覧表

月	請求金額（A）セット＋朝刊	相当金額（B）注文部数×2296	補助奨励金＋経営補助（C）	損失（A－B－C）	折込広告
1	5,238,700	1,710,520	1,570,000	1,958,180	
2	5,196,040	1,703,632	1,550,000	1,942,408	
3	5,196,040	1,703,632	1,550,000	1,942,408	
4	5,238,700	1,696,744	1,540,000	2,001,956	
5	5,196,040	1,694,448	1,520,000	1,981,592	
6	5,196,040	1,687,560	1,520,000	1,988,480	
7	5,196,040	1,685,264	1,520,000	1,990,776	
8	5,196,040	1,682,968	1,350,000	2,163,072	
9	5,196,040	1,662,304	1,520,000	2,013,736	
10	5,217,370	1,664,600	1,305,000	2,247,770	
11	5,196,040	1,666,896	1,452,500	2,076,644	
12	5,196,040	1,664,600	1,452,500	2,078,940	
合計	62,459,130	20,223,168	17,850,000	24,385,962	

合理的に考えれば、「押し紙」を減らして補助金を投入しないほうが、無駄がないはずだ。補助金を支給したとしても、それが新聞代金の一部としてブーメランのように新聞社に戻ってくるのであるから、無駄なことをしているようにも思える。

しかし、新聞社は「押し紙」を廃止すると同時に補助金も中止する選択肢を絶対に選ばない。その理由は簡単で、新聞の公称部数を増やすことで、紙面広告の媒体価値を高める戦略があるからだ。

いわば補助金は、新聞社が公称部数を引き上げて紙面広告の媒体価値を高めるために販売店に支出する経費、あるいは資本金と解釈することもできるのだ。単に「押し紙」から生じる損害を相殺することだけが補助金の役割ではない。それはむしろ副次的なものであって、それよりも紙面広告の媒体価値を引き上げるための資本投入と考える方が適切だ。

正確な計算をしたことはないが、恐らく「投資」した補助金が、その何倍もの広告収入を生み出しているはずだ。

わたしが経営した二店の販売店に膨大な部数の「押し紙」があったにしては、未払い金が一〇〇〇万円超に収まっていた第二の事情は、正直に告白するが、折込チラシが水増し状態になっていたからである。販売店に搬入される折込チラシの枚数は、原則として新聞の搬入部数（「押し紙」を含む）に一致するので、自動的に水増し状態になる。

たとえば平成一八年一二月の蛍ヶ池販売所への搬入部数は一七八〇部だった。この場合、広告代理店が広告主に提示する折込チラシの適正枚数も原則として一七八〇枚になる。しかし、「押し紙」が一〇七〇部あったので、これに相応する折込チラシは配布されていない。「押し紙」と一緒に破棄されている。

ただ、折込チラシのクライアントの中には、チラシが水増しされていることを知っていて、自主的にチラシの発注枚数を減らすものも少なくない。

水増しされて販売店に余った折込チラシ

従って「押し紙」に相応する折込チラシが常に水増しされているとは限らない。一般論で言えば、地方自治体の広報紙などは、広告主である自治体が自主的に配布枚数を減らさないので、水増し率が高くなる。

新聞業界の慣行とはいえ、わたしは折込チラシの水増し行為が後ろめたくて仕方がなかった。しかし、折込チラシの枚数は、広告代理店が新聞社から受け取るデータに基づいて決めているので、わたしが勝手に変更できる性質のものではない。それに補助金だけで「押し紙」の損害を相殺できない場合は、折込チラシの水増し手数料で相殺しなければ赤字になる。そんな事情があって、わたしは新聞業界の慣行に従わざるを得なかったのである。

折込チラシの水増しで得た不正収入は、一部が広告代理店へ、一部が販売店に入る。しかし、販売店が得た水増し料金は、「押し紙」で生じた損益の相殺に使われるので、最終的には販売店を経由して新聞社の銀行口座に入る。

こんなふうにわたしの販売店が負担させられていた「押し紙」による損害は、折込チラシで得る収入と毎日新聞社から支給される補助金で相殺していたのである。しかし、完全に相殺できていたわけではない。そこで妻が経営するマンションから得る収益で、赤字分を補てんしたこともたびたびある。それにもかかわらず徐々に支払い残金が累積していったのである。

◇執拗な残金の取り立て

わたしはこれまで繰り返し「押し紙」を断ってきた。

たとえば年に二回開催される毎日新聞懇話会のパーティーで、わたしは販売幹部に「押し紙」を中止することが無理なら、せめて負担する部数を減らすように話を切りだす。すると慌てて会場の外階段の踊り場へ連れていかれる。

そこで再び「押し紙」の話を切り出すと、その都度、「ちょっと待って下さい。整理しますから」とか、「新聞原価を全額支払うことができないのであれば、その分を未払額として残しておいていいじゃないですか」と話をそらしてしまう。

不幸中の幸いと言おうか、毎日新聞社はわたしに対しては「押し紙」を断っても販売店を改廃するなどの対抗措置はとらなかった。新聞社の中には、「押し紙」を拒否した販売店に対して、強制改廃などドラスチックな対抗策を取る社もあるが、この点に関して毎日新聞社は慎重だった。おそらく店主を首にしても、後任の店主を探すことが難しいからではないかと思う。「押し紙」だらけの販売店を受け継ぐお人好しはいない。

わたしは「押し紙」を何度も断ってきた経緯があったので、廃業を宣言した際にも、「押し紙」の未払い代金まで支払う義務はないと考えていた。

平成一九年、新しい年が明けた二月の半ばに、わたしは再び山本部長と河上副部長を大阪車屋に呼び出して、会食しながら廃業についての話をした。この席でわたしは三月の末日で販売店を廃業することをもう一度伝えた。これに対して、やはり二人の販売幹部は、前回の会談と同じことを繰り返したのである。

「新聞代の残金のうち半額だけでも支払ってください」

この時も話し合いは物別れに終わった。

さらにわたしは三月に入るとみたび二人を大阪車屋に呼び出して話し合ったが、何の進展もなかった。二人は残金を払えと主張する。わたしは残金を払う必要がないと言う。どこまで行っても平行線だった。

その後、三月二〇日を過ぎたころ河上副部長が新聞代の集金にやってきた。

この機会にわたしは、

「六月一杯でやめる。それ以上はしない」

と、通告した。このまま販売店経営を続けても、赤字がどんどんかさみ、かえって廃業する機会が失われる恐れがあった。

その後も毎日新聞社との間には、廃業をめぐるやり取りがあった。

残金支払いの件は、結局、販売の権限を毎日に譲渡する際に発生する収入から一部を相殺し、それ以上、毎日はいかなる請求もしないことで合意した。

わたしは、これですべて片が付いたと思った。ところが六月の下旬になって毎日新聞の担当員がわたしの所へやっきて、

「六月分の新聞代金の集金に来ました」

と、告げた。わたしは金銭の清算はすべて完了したと思っていたので、びっくりした。それに新聞代金の支払い期限は、翌月の二〇日過ぎだった。わたしは、その旨を説明して担当員を追い返した。

七月の半ばになって、今度は山本部長が寝屋川市にあるわたしの自宅へやってきた。山本部長が訪問した目的は新聞代金の集金だった。

「今までの残金の問題はわたしが何とか処理したので、高屋さんご自身が七月の集金日に払うと約束した六月分の新聞代金だけは支払ってください」

わたしは残金の件も含めてすでに金の清算は終了していると告げた。新聞代金の支払いにわ

たしが応じないことが分かると、山本部長はしぶしぶ帰っていった。

その後、八月に毎日新聞社の代理人弁護士が、わたしに対して六月分の新聞代金の支払いを求める催告書を送付してきた。しかし、わたしは応じるつもりはなかった。

たとえ廃業に際しての清算に、六月分の新聞代金の支払いが含まれていなかったとしても、廃業時には搬入される新聞の約七割が「押し紙」だったので、改めて仕入れ代金を支払う義務があるとは思えなかった。

わたしは毎日新聞の販売店を五〇年経営して、「押し紙」制度がいかに理不尽な販売政策であるかを実感している。日本経済が好調で新聞の部数がどんどん増えていった時期は、多少の「押し紙」があっても、努力によって有代紙に変えることができた。販売店の側も、新聞社との良好な関係を維持するために、あえて多少の「押し紙」は我慢した。

しかし、インターネットの普及と共に新聞離れが始まると、販売店に搬入される新聞の部数は横ばいか上昇しているのに読者が減るので、どんどん「押し紙」が増えていった。本来であれば、読者が減るに従って搬入部数も減らさなければならないのであるが、新聞社には、搬入部数を減らすという発想がほとんどない。

しかも、厄介なことに新聞の卸代金だけは、病的な執拗さで請求してくる。そこには本来、新聞人が持つべき品性は、一かけらもない。金銭に対する執着だけが露呈している。

第2章　読売の二億円大奉仕

◇空前の拡販キャンペーン

昭和三〇年九月五日、わたしは朝刊を配達した後、ライバル紙のひとつである読売新聞を手に取って驚いた。「発刊三周年記念　二億円の大奉仕」と題する社告が出ていたのだ。それによると読売は大阪での発刊三周年を記念して、読者を対象に総額二億円の福引きを実施するという。しかも、朝刊の第一面で、それを告知していたのである。

社告で明記された賞金・景品は次のようなものがある。

1等：一〇〇万円　一〇本

2等：次のうちから一品　五〇本

一四インチのテレビ

電気冷蔵庫

国産最高級カメラ

スクーター

ディーゼルエンジン

花嫁衣裳

３等：次のうちから一品　　　一〇〇〇本
自転車
高級五球スーパーラジオ
ジュースミキサー
カメラ
本銘仙夜具
高級三面鏡

４等：本場実用銘仙一反　　　五万本

こうした高級な景品が使われるようになったのは、ここ二、三〇年のことであると考えている人が多いようだが、実際は昭和三〇年代から使われるようになったのである。それ以前の時期も景品は使ったが、ごく質素なものだった。たとえば戦前の拡販活動には、ゴム紐などが使われた。

読売が企画した「二億円大奉仕」では、一等が一〇〇万円。当時の一〇〇万円は、現在の一〇〇〇万円かそれ以上の感覚である。かりに読売関係者にジャーナリズム企業としての誇りがあれば、このような販売政策は恥ずかしくてできなかったのではないか。わたしが知る限り、

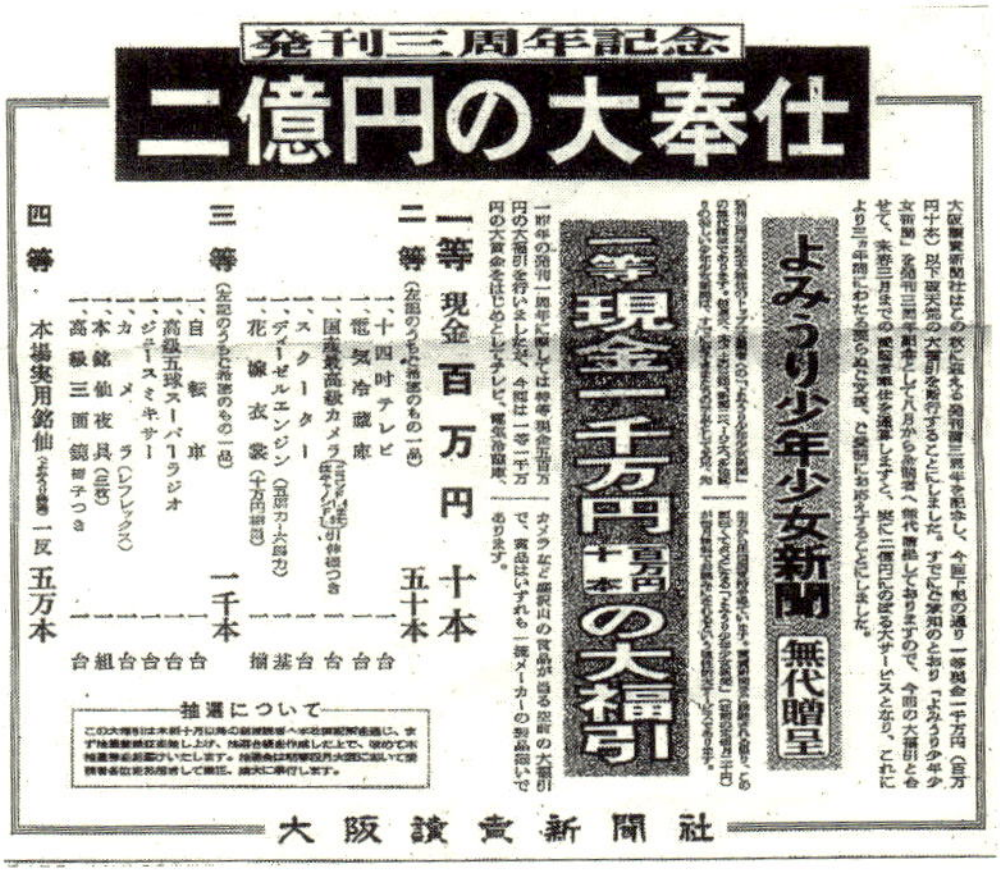

昭和 30 年 9 月 5 日付け読売新聞の第一面に掲載された社告

これが日本における最初の大型景品付き販売である。

当時も今も広告料金に最も大きな影響を及ぼすものは発行部数である。それゆえに新聞各社は莫大な経費を投入してでも部数を増やそうとする。さらに部数へのこだわりがエスカレートすると、販売店に対して「押し紙」を強制することになるのだ。

新聞の拡販競争は、際限がない。一社が大量の景品を使った拡販に走れば、ライバル紙もそれに負けじと、拡販活動を拡大する。オークションで商品の販売価格がどんどん高くなっていくのと同じ原理である。

しかし、新聞各社は同時にこのような悪循環に陥ることも警戒している。

事実、東京から大阪に乗り込んできて、「二億円大奉仕」を展開する読売に対して、他の新聞社から反発の声があがった。関西にある新聞社の社長で構成する関西新聞経営者懇話会は、大阪読売を除名処分にすると同時に公取委に告発したのである。それを受けて公取委は、東京高裁に読売に対する緊急停止命令を申し立てた。

そして東京高裁は、一一月五日に次のような禁止命令を下したのである。

（主文）

一、被申立人は本件事案につき公正取引委員会の審決があるまで、その発行する読売新聞を購読させ、または購読を継続させるため、昭和三十年九月五日および六日付け同新聞に発表した福引につき、その抽せん券の配布、抽せんの実施及びこれにもとづく金品の交付等その福引の実行をしてはならない。

二、被申立人は、延滞なく、前項の趣旨を周知させるため、適当な措置をとらなければならない。

その後、公取委は読売に対して、福引の取りやめと福引を取りやめるために取った措置の報告を命じる審決を下した。独禁法が禁止する不公平な取引方法に該当するとされたのである。

◇寝場所と日銭

わたしの記憶に残っている新聞拡販の光景はすさまじい。ある新聞社は、住宅街に夕刊を全戸配布したあと、景品を配り歩いて購読契約を取っていた。全戸を訪問して新聞をセールスする。いわゆる「ローラー作戦」である。

勧誘している新聞拡張団員の多くは、スーツなど身に付けず、うさん臭い格好をしていた。配布した新聞を読んでいるのかどうかも疑わしかった。イレズミをしている者もいた。今にして思えば異常な光景である。新聞が持つべき文化性とは相いれない新聞販売が展開されるようになったのだ。

当時は、景品を配れば購読契約してくれる人が多かった。昭和三〇年代といえば、まだ貧しい時代だったので、景品が魅力だったのだろう。それに拡張員に恐怖感をいだいて購読契約を結ぶ人も少なからずいたのではないかと思う。

このような新聞拡販の状況を、わたしもふくめて大半の販売関係者は疑問に思っていた。しかし、対抗措置を取らなければ、ライバル社にどんどん読者を奪われるので、徐々に景品を使った拡販に走らざるを得なくなったのである。

ちなみにわたしは、少年のころに新聞配達をしたことがある関係で、戦前の販売現場がある程度秩序を保っていたことを知っていた。それだけに豪華な製品が新聞拡販に使われ始めたことに驚いた。

わたしは、家計の貧しさから両親を助けるために販売店に入店したというわけではない。新聞少年だった野球仲間の一人が、盲腸で入院したのを機に、わたしが代わりに新聞配達をするようになったのである。

当時は、新聞拡販に奔走することは皆無ではないにしろあまりなかった。販売店の仕事を新聞少年に頼っていたことも、拡販活動が激化しなかった原因かも知れない。いずれにしても昔の販売店の雰囲気はのどかだった。

ただ、しつこい拡販員はその当時からいたようだ。拡販で訪問した民家の玄関に何時間も座り込んで購読契約を取り付けたといった話もあった。

青年期にもわたしは新聞配達の仕事を経験した。その引き金となったのは両親の死だった。

わたしは一四歳の時に母を失くした。わたしと話をしていたとき、母は急に畳の上に仰向けに倒れた。顔からは血の気が失せていた。急往診の医者が到着したが、母はそのまま息を吹き返すことはなかった。死因は脳卒中だった。

母は博学な人で、わたしによく本の読み聞かせをしてくれた。大阪市の天神橋筋にあった酒屋を兼ねた自宅に、父の知人が集まってきて酒を飲み、声高に話し始めると、「品性がない人たちだ」とこぼすのが常だった。その中には弁護士や学校の先生、それに町内の有力者なども交じっていた。

母の死によって父は意気消沈してしまった。酒もめっきり飲まなくなり、持病の脚気が悪化して、翌年、母の後を追うように亡くなった。もともと相撲部屋に勧誘されるほど頑強な人だったのだが、実にあっけなくこの世を去ったのである。

両親を失ったわたしは一六歳の時に、働きながら勉強しようと思い立って上京した。幸いに働き口の目途もついていた。油を販売する会社から面接に来るように通知を受けていたのだ。ところがいざ履歴書を示して面談を受けると、

「親がいない者は、採用できません」

と、言われた。わたしは席を立ち、徒歩で東京駅へ向かった。大阪へ戻ろうと思った。ところが道中、通りの反対側に東京日々新聞の販売店が目にとまった。しかも、埃だらけの店舗の壁に人材募集の張り紙があったのだ。

わたしはしばらく足を止めた後、店舗の中に入っていった。

「ごめん下さい」

大きな声を出すと、奥の方から番頭らしい男が現れて、店主に引きわせてくれた。店主はすぐにわたしを採用してくれた。ただ、三日で配達の順路を覚えられないようであれば、解雇するという条件が付いた。

「一日で覚えられます」

「大丈夫か？」

「絶対に大丈夫です」

新聞販売店は、行き場のない者に寝場所と日銭を提供する。ろくに素性を調べもせずに、だれでも配達員として雇い入れる傾向がある。新聞配達員の定着率が低いために、常に人員を補充する必要があるのだ。

残念ながらこのような状況は、現在でもあまり変わっていない。失業した人や家庭が貧しい新聞奨学生、前科のある者などが、新聞販売の世界へ流れ込む傾向がある。

ただ、戦前は現在のような常識を逸した新聞拡販とは無念だった。新聞は文化的な商品であるという認識が定着していたからだ。

幸いにわたしは約束どおり一日で配達の順路を覚えた。しかも、配達もれは一件も出さなかった。

「あんたはいずれ番頭になれる」

店主はさかんにわたしを褒めてくれた。

この時、戦後になって自分が販売店経営に携わることになるとは想像もしなかった。

その後、大阪へ戻り新聞業界に入るまでの間、さまざまな職を転々とした。絵描きの見習いになったこともある。ベニヤ板に馬やバラの絵を書いて、額縁に入れ高島屋に搬入し、師匠の名前で販売したこともある。面白いことに師匠が描いた絵よりも、わたしが描いた絵の方がよく売れた。

戦後になって、わたしは大阪市で初めての共産党市議と親しくなった。すると親しくなったというだけで、共産党員と間違われたらしく、やがてわたしの留守宅に公安警察がやってきて、妻に根ほり葉ほり「思想」について質問するようになった。

わたしは高屋家に迷惑がかかることを心配した。わたしは元々は樋口という家の生まれであるが、三歳から六歳まで叔父の実家である高屋家に養子に入った経緯があった。高屋家は寝屋川市の郊外に屋敷を構えた名家である。その高屋家に「アカ」のレッテルを張られるのは不都合だった。

そこでわたしは妻と一緒に、警察から逃げるように豊中市へ引っ越したのである。豊中市で友人を通じて、たまたま紹介されたのが、北摂毎日社が経営する毎日新聞・蛍池販売所の仕事だった。

図らずもわたしが「新聞屋」になった昭和二九年ごろは、新聞業界にとっては大きな転換期だった。新聞各社が新聞拡販の「仁義なき戦い」をはじめる前夜である。それゆえに販売店は人材を求めていたのだ。

◇新聞乱売のインフラ整備

当時の新聞業界の動きをたどってみよう。

まず、昭和二六年に新聞用紙の統制が廃止された。戦時中、政府は原則として新聞社を一県一紙制に再編成して新聞用紙を各新聞社に割当てる方針を取った。こうして経営上の弱みを握ることで、言論を統制していたのだが、新聞用紙の統制は新聞社自身の販売政策にも影響を及ぼした。紙が不足しているわけだから、新聞拡販に成功しても、読者に新聞を提供できるとは限らない。

こうした状況の下では、拡販に力点をおいた販売政策は取りようがない。それに戦中は、一つの販売店が全紙を配達・集金する合販店制度だったので、販売店は一社だけに力点を置いた拡販活動もできなかった。

ところが新聞用紙の統制が解除された結果、新聞各社が自由に発行部数を増やせる条件が整ったのである。

このような動きに連動して昭和二七年になると、新聞各社は新聞拡販を推し進めるための決定的な布石を打ってくる。それは合売店制度から専売店制度への切り替えだった。朝日新聞社、毎日新聞社、読売新聞社の三社は、同年の一二月一日から、専売店制度をスタートさせたのである。

専売店制度の下では、特定の新聞社が発行する新聞に特化した拡販活動が行われる。新聞社は、新聞販売店を実働部隊として、販売政策に応じた拡販活動が展開できる。

専売店制度こそが後年、激しい新聞乱売をもたらした原因と言っても過言ではない。

ちなみに読売が関西に進出したのは、専売店制度を導入した同じ年、すなわち昭和二七年である。一一月二五日に大阪読売新聞の第一号を発刊している。そして三年後に本章の冒頭でふれた「二億円の大奉仕」を実施したのである。

わたしは専売店制度こそが日本の新聞社を販売優先の商業主義のレールに乗せた牽引車ではないかと考えている。合配店制度を維持して、読者が自分の判断で購読紙を選択できる状況を維持していれば、拡販戦争は勃発しなかったはずだ。

なお専売店制度の導入と関連してもうひとつ言及しておかなければならない重大な動きがある。それは専売店制度がスタートした翌年にあたる昭和二八年に導入された再販制度である。

独禁法では、製造業者が小売店に対して商品の販売価格を指定することを禁止している。かりに価格に差がなく、どの店で商品を買っても消費者の出費額が同じであれば、小売店相互が競争する条件がほとんどなくなってしまうからだ。自由競争を妨げるものは、独禁法に抵触するとみなされる。

ところが新聞や出版といった自由競争がふさわしくない業種に関しては、例外的に独禁法の適用から除外されている。それを法文化したものが再販制度の条項である。再販制度の下では、製造業者（新聞に関していえば、新聞社）が、商品の価格を指定して、全国同じ価格で販売することが認められている。ただし再販制度を運用するか否かは、企業に選択権がある。法による強制力はない。

再販制度が導入された三年後の昭和三一年に、新聞特殊指定という規則が導入された。これは、新聞業社は再販制度を導入しなければならないという公正取引委員会の指令である。これにより新聞業においては、再販制度が法的に義務づけれらたのである。

景品を使った新聞乱売がエスカレートする中で、新聞は自由競争にふさわしくない商品という公取委の考え方が、新聞特殊指定の導入につながったのであるが、わたしに言わせれば、これは大きな政策上の誤りである。新聞の拡販戦争を抑制する力にならなかっただけではなくて、まったく別の負の側面をもたらした。

確かに新聞特殊指定の導入により、同じ系統の販売店相互が自由競争を繰り広げる状況はなくなったが、同時にそれは販売店が経営規模を広げる条件をも消滅させたのである。

これは新聞社にとっては好都合だった。自由競争で販売店が淘汰され、有力な販売店が台頭してくれば、新聞社と販売店の力関係が逆転することもありうる。力関係が逆転すれば、新聞社から販売店に対する命令系統も機能しなくなる。

つまり結果的に新聞特殊指定は、新聞社に優越的な地位を保証し、販売店を意のままにコントロールする法律として機能するようになったのである。事実、新聞社の販売政策は販売店網の末端まで行き届いている。

わたしが関係してきた毎日新聞社の場合は、読売ほど「増紙」に対するこだわりはなかったようだが、それでも販売局員に接するたびに新聞拡販のことが話題になっていた。販売局員らは、増紙をみずからの任務と自覚していたようだった。

新聞拡販に使われる洗剤

◇地域の中の新聞販売店

販売店の専従にとって最大の夢は、自分の店を持つことである。わたしは昭和三五年に、蛍ヶ池販売所の店主になった。しかし、店主になる前から実質的にわたしが店を取り仕切っていた。前店主が高齢だったからだ。その店主から、

「頼りにしてんねん」

と言われると、店を辞めるわけにはいかなかった。

わたしは景品を使った新聞拡販には反対だった。景品を使わなくても頭を働かせば新聞拡販は成功するというのがわたしの持論だった。

わたしには地域社会と販売店の関係を親密にすることが、購読者を増やす近道に違いないという確信があった。景品を使って一時的に部数を増やしても、それを維持するために、さらなる景品を投入するスパイラルに落ち込んでしまえば、販売店経営は悪化する。

わたしは地域社会との結びつきを大事にした。時間を見つけては、読者の自宅を訪ねて、苦情や要望はないかを聞いて回った。

そうこうするうちに知り合いの市会議員が、ある地区の青年団長をわたしに紹介してくれた。

これを機に青年団の活動に協力するようになった。

するとする拡販活動を展開したわけでもないのに、自然に新聞を購読してくれる住民が増えてきた。さらに住民が新規の読者をどんどん紹介してくれた。こうして短期間のうちに、ひとつの地域だけで、一〇〇人ぐらい読者を増やした。

ある時、わたしは青年団の会長から、野外で映画会を開催できないか相談を受けた。そこでわたしは毎日新聞社の協力を取り付けて映画会を催した。

夏の太陽が沈むころ、町の人々が野外スクリーンがある広場へ集まってきた。闇の中で巨大な画像が動きはじめた。それを見ながら、わたしは新聞販売店の役割を実感した。そうすると、ますます景品を使った新聞拡販は慎むべきだという思いが募った。

幸いに当時の毎日新聞社は寛大で、販売店が拡販の成績をあげれば、どのような方針で拡販しようが文句はいわなかった。

第一章で述べたように販売店を廃業するころには、販売局員との関係も悪化していたが、新聞業界に入ったころは、良好な関係にあったのである。

頭の使い方ひとつで、景品を使わなくても新聞の部数は増えるというのがわたしの信念だった。

当時、わたしが注目した販売対象のひとつに伊丹空港があった。蛍ヶ池販売所から伊丹空港までは、阪急電車の線路を挟んで徒歩でもわずか数分だった。

伊丹空港は、戦後から昭和三三年まで「伊丹エアベース」と呼ばれる米軍基地だった。そこでわたしは「伊丹エアベース」の社員食堂に英字新聞を置かせてもらったのだ。購読料を入れる箱も設置した。

毎日、朝刊を搬入して集まった購読料を持ち帰るのがわたしの日課になった。わたしの到着を待って新聞を購入する米兵もいた。そんな時、わたしは新聞が日常生活の中に入り込んでいることを実感したのである。

「伊丹エアベース」が伊丹空港になってからは、毎日新聞と日経新聞を搬入するようになった。「伊丹エアベース」時代に既得権を獲得していたからである。

さらにわたしは阪急蛍ヶ池駅に通じる三叉路にあった煙草屋さんに、新聞を置かせてもらった。すると新聞が飛ぶように売れた。これに自信を得たわたしは阪急電車と交渉して駅の売店で新聞を販売してもらう契約を結んだのである。

毎日小学生新聞の拡販も高価な景品なしに実施した。発端は蛍ヶ池販売所の従業員・村沢(仮名)君をどう戦力として生かすべきかという問題が浮上したことだった。

村沢君は新聞拡販が下手で、戸別訪問を繰り返してもまったく成果があがらない。説明が下手だった。そこでわたしは地元の蛍ヶ池小学校を訪問して教師に毎日小学生新聞を売り込むように提案した。教員が生徒に毎日小学生新聞を薦めてくれることを狙ったのである。

しかし、ただ小学校へ行って、新聞をＰＲするだけでは十分とはいえないので、校歌の楽譜を色刷りで印刷して児童に配布した。校歌の作詞者は、著名な大阪の詩人・小野十三郎さんである。作曲は、国会議員にもなった須藤五郎さんである。

１．あけそめる　北摂の朝
山なみは遠くに映えて
しろがねにかがやくこずえ
あいよりてわれらは学ぶ
われらは進む
ああ　わが母校
蛍池小学校

果たしてわたしの販売戦略は的中した。次々と毎日小学生新聞の申し込みがあった。毎日新聞社に対しては、

「おれは未来の毎日新聞の読者を増やすために、小学生新聞の拡張も大事だと思うねん」

と説明した。すると販売局員は補助金を出してくれた。

既存の景品を使うのではなくて、文化的なものを使って新聞拡販するのであれば、何も問題はない。それがわたしのモットーだった。

当時はアスファルトで舗装されていない道路がたくさんあった。そのために雨が降った日には、自転車の後ろに鉄パイプを積んで、タイヤの泥を落としながら配達したのである。ポストがない家も多かった。それゆえに新聞配達には根気を要した。それでも仕事は楽しかった。それは毎日新聞の紙面に誇りを持っていたことに加えて、地域社会になんらかの貢献をしているという思いがあったからではないかと思う。

もし、大量の景品をばらまく拡販に追随していたなら、罪悪感の方が強くなっていたのではないか。

しかし、地域の住民たちの間に「新聞拡販＝高価な景品」というイメージが広がって来ると、わたしのような拡販戦略は通用しなくなっていった。農薬が空中を飛び交う中で、ひとりだけが有機農業を営むのが難しいのと同じ原理である。

第3章　部数至上主義

◇なぜ部数至上主義になるのか

日本の新聞社は、部数至上主義に基づいた経営方針を前面に押し出してきた。とりわけ中央紙はその傾向が強い。彼らは戦後、部数至上主義に基づいた節度のない新聞の拡販競争を展開してきた。

部数至上主義とは、新聞の発行部数こそが新聞社経営や新聞ジャーナリズムの根幹という考え方である。新聞の購読者を増やして、強固な経営基盤を確立しなければ、自由なジャーナリズム活動も展開できないという論理である。

しかし、発行部数の増加は具体的に新聞社にどのようなメリットをもたらすのだろうか。

まず第一に部数が増えると、新聞社の販売収入が増える。新聞一部（朝刊）の価格は中央紙の場合、朝日が一五〇円、読売と毎日が一三〇円、産経が一〇〇円である。従ってたとえば読売の朝刊が一〇〇〇万部売れたとすれば、それだけで一日に一三億円もの売り上げになるのだ。

もちろんこのシミュレーションは、単純に新聞一部が一三〇円で一〇〇〇万部販売したという前提で計算したものであるから、大まかな全体像を把握したに過ぎないが、少なくとも巨大部数が想像以上に莫大な収益を生んでいることだけは間違いない。

新聞社が部数にこだわる第二の理由は、発行部数が増えると、広告の媒体価値が高くなるからである。紙面広告の媒体価値を決める代表的な要素には次のようなものがある。

1、ＡＢＣ部数
2、広告効果
3、新聞社のステータス

ＡＢＣ部数は厳密に言えば、新聞の発行部数である。販売部数（実配部数）ではない。当然、ＡＢＣ部数には「押し紙」も含まれている。このような裏事情があるにもかかわらず、一般的に発行部数と販売部数は区別されていないので、ＡＢＣ部数が高くなればなるほど、広告の媒体価値も高くなる。

事実、日本広告業協会が発行した『新聞広告料金表』（平成一九年下半期）によると、新聞の紙面広告の基本料金は、次のように発行部数に準じて高くなっている。一段一センチのスペース（段数は一段未満）を対象とした価格である。括弧内は同年一〇月度のＡＢＣ部数。

読売：一六万三〇〇〇円（九九八万部）
朝日：一五万六〇〇〇円（八一〇万部）
毎日：一〇万八〇〇〇円（三九四万部）
産経：　五万五〇〇〇円（二二〇万部）

もちろん実際のビジネスでは、価格は交渉で大きく左右される。しかし、広告料金を決める際の重要事項として、発行部数が考慮されていることは疑いない。

◇紙面広告の媒体価値が暴落

次に示すのは読売新聞のＡＢＣ部数と広告収入を平成一四年度と平成二三年度で比較したものである。

【ＡＢＣ部数】
平成一四年：一〇一五万部
平成二三年：一〇〇二万部

【広告収入】
平成一四年：一五〇七億円
平成二三年：八〇一億円

ＡＢＣ部数が微減に留まっているのに引き換えて、広告収入は激減している。その原因は「押し紙」問題が広告主に知られるようになってきたことが大きいと推測される。確かに読売新聞社は、自社の販売店には一部の「押し紙」も存在しないし、これまで一度も新聞を押し付けたことがないと胸を張って公言しているが、一般の人にとって「押し紙」は、新聞業界全体の問題である。従って新聞の信用度そのものが相対的に失墜してきた結果、読売の広告収入も減ったと推測されるのである。

さらに広告効果があるかどうかも、広告料金の設定に影響を与える。広告媒体の中心がインターネットに移行するに連れて、新聞広告全般の影響力がなくなっていることは疑いない。というのも、紙面広告ではスペースに制限があって、商品についての詳細を伝えることに限界があるからだ。

日本 ABC 協会が発行する『新聞発行社レポート』

特にマンションや車など高額な商品になればなるほど、消費者は詳しい情報を求めてくる。このようなニーズに新聞が対応できなければ、広告主は新聞広告に見切りをつける。

わたしが現役店主として精力的に仕事をしたころは、インターネットの時代ではなく、ＡＢＣ部数が広告料金の設定に最も大きな影響を与えていた。

新聞社が部数にこだわる第三の理由は、部数を増やすことで、新聞社としての影響力を強めることができるからだ。たとえば読売が誇る一〇〇〇万部は、日本の人口の約一二分の一である。幼児や高齢者も含めて、日本人の一二人に一人が読売を購読している計算になる。

もしこれが事実であれば、読売は日本の進路に大きな影響を与えるメディアということになる。政治家が読売との関係を重視するようになっても不思議はない。読売の渡邉恒雄会長が政界に対して影響力を持ち、ときには政界工作にも関与するようになった事情もこのあたりにあるのではないか。

自分たちが日本のメディアを牛耳っているという感覚。これは記者にとっても、自尊心を満足させ、志気を高める要素になるに違いない。

このように日本の新聞業界で部数至上主義が幅を利かせるようになった背景には、経営上の戦略からジャーナリズムの指向性、さらには新聞人のプライドまでさまざまな要素が関係しているのである。

◇従業員の引き抜き

部数至上主義の影響を直に受けるのは、新聞販売店である。それは販売店の経営方針にも色濃く反映する。

ひとつの例をあげれば、わたしが店主になったころは、拡販競争に勝つためなら、他店から優秀な従業員を平気で引き抜く店主も珍しくなかった。それが具体的にどれほど身勝手なものであるのか、あるエピソードを紹介しよう。

その頃わたしは特に人材の育成に力を入れていた。自分の職場に忠誠心を持って熱心に働いてくれる従業員を育てようとしていた。

しかし、地元の大阪にいたのでは、適性のある人材の確保はなかなか難しかった。高度経済成長の時代はどの企業も人手不足で、販売店よりも、待遇がいい企業で働きたがる人が大半を占めていたからだ。そこでわたしは従業員を募集する際には、地方都市へ出かけていって人材を探した。

ある時、わたしは沖縄で知り合いの販売店に依頼して新聞に求人広告を折り込んでもらった。そして店舗を借りて面談を実施した。

これを知った発行本社の販売部長がわたしを訪ねてきた。この人は以前、わたしの兄が沖縄戦で死亡したことを知ると、自分の車で兄が没した場所へ案内してくれたことがあった。それ以来、親しい間柄になっていた。

販売部長は、渡嘉敷（仮名）君という青年を蛍ヶ池販売所で雇用してほしいというのであった。

「どうしようもない奴だが助けてやってください」

事情を聞くと、渡嘉敷君は暴力団が経営するサラ金から借金をしていて、組員から追われているという。そのために沖縄を離れる必要があったのだ。

「そんなら大阪へ連れて帰りますわ」

わたしは直接に渡嘉敷君と面談して事情を確かめた。その結果、借りた元金は返済したが、利子の支払いが完了していないことが分かった。

渡嘉敷君の印象は悪くなかった。それに懇意にしている販売部長からの依頼だったこともあって、わたしは面倒をみることにしたのだ。大阪までの航空券も手配した。

さて、タクシーで那覇空港に到着して、チェックインするために航空会社のカウンターの前に出来ている列に加わって間もなく、半袖のＹシャツを着て黒いサングラスをかけた男が、一直線にわれわれの方に近づいてくるのが目に留まった。肌が浅黒く、わたしは一瞬、黒人の米兵ではないかと思った。

男は借金の回収屋だった。恐らく暴力団員だったのではないかと思う。

わたしは搭乗手続きを終えてから男を喫茶店に誘った。男と交渉して金利の一部を差し引いてもらい、その場で支払った。こうしてわたしは、新聞社の販売部長から頼まれた渡嘉敷君を連れて大阪に戻ったのである。

幸いにわたしの期待に応えて、渡嘉敷君はまじめに働いた。販売店の仕事は、それほど複雑ではないが、それでも一人前になり、アルバイトの配達員を指導するなど本格的な戦力になるまでに、一年ぐらいはかかる。新聞拡販の腕を上げるには、もっと時間を要する。それまでは、「投資」のつもりで給料を支払うのである。

新聞販売店で働く従業員相互が交流する機会はあまりないが、販売店の内情はどこからとも洩れるものだ。やがて渡嘉敷君が有能な従業員であるという噂が広がった。そしてわたしが最も懸念していたことが起こったのだ。

ある日、渡嘉敷君が辞表を提出した。工場で仕事を見つけたので転職したいというのだった。わたしは強く引き止めた。将来、販売店主になれば、特別に豊かな生活はできなくても、人並みの生活は保証されていると説得した。しかし、渡嘉敷君の決意は固く、わたしのもとを去っていった。

ところがそれからまもなくして、すぐ近くの販売店で渡嘉敷君が働いていることが判明したのだ。しかも、それは同じ系統の毎日新聞販売店だった。拡販競争の激しい時代であるから、優秀な従業員を確保したい気持ちは理解できるが、同じ新聞社の販売店に引き抜かれたことに、わたしはやるせない思いがした。

渡嘉敷君のケースは、同系統の販売店相互のトラブルであるが、従業員の引き抜きは、他系統の販売店によるものの方がはるかに多い。

◇部数へのこだわり

従業員だけではなくて、店主の引き抜きも頻繁に行われていた。たとえば、平成一九年に毎日新聞社を相手に「押し紙」裁判を起こした杉生守弘さん（毎日新聞箕面販売所の元所長）は、元々、産経新聞の店主だった。産経新聞の店主を一三年に渡って務めたのち、毎日新聞社から引き抜かれるかたちで箕面販売所の所長になったのである。昭和五〇年ごろのことである。

当時の箕面市は、畑ばかりの田舎だった。道路もほとんど舗装されていなかった。しかし、大阪市のベッドタウンとして発達するにつれて人口も増えた。それに伴い毎日新聞の購読者も増えていったのである。

杉生さんが箕面販売所の所長になった当時の実配部数は約七八〇部だったが、最盛期には一九〇〇部になった。「押し紙」もほとんどなかったという。

所長の手腕ひとつで新聞の部数は伸びていたのである。それゆえに新聞社は優秀な所長の引き抜きを断行したのだ。ジャーナリズム企業に不可欠な倫理観などは二の次だった。部数を増やすためなら、手段を選ばなかったのである。

わたし自身も産経新聞社から、今でいうヘッドハンティングの申し出を受けたことがあるが、断った。毎日新聞の紙面に誇りを持っていたからである。

改めて言うまでもなく、毎日新聞の販売店主から朝日新聞や読売新聞の販売店主に転職した人も少なくない。新聞社は、新聞の拡販競争に勝ち抜く能力のある経営者であれば、店主の前歴は問わないようだ。それゆえに闇の世界から足を洗ったような者までが、販売店の経営者になることもあった。ここにも部数への執拗なこだわりが色濃く反映している。

◇景品付き販売は自殺行為

新聞社の中には、販売店の意見にはまったく耳を貸さない社もある。店主を部下か、便利屋のように考えているのだ。このような社は、あれこれと理由を付けては、意にそぐわない販売店を廃業に追い込む。

しかし、毎日新聞にはリベラルな伝統があるのか、販売局員はわれわれ店主に対しても表向きは対等に付き合ってくれた。少なくともわたしに限って言えば、彼らとの間に著しい上下関係を感じたことはあまりない。数こそ少ないが、生涯の友になり、今でも年賀状のやり取りをしている人もいる。

もっともそれはわたしが日販協の役員や販売店主で組織する毎日会の役員を務めていたからかも知れない。

こうした状況があったので、わたしは店主の立場から毎日新聞社の販売局員に対して、自分が最良と考える販売政策を提言することもあった。

たとえば新聞拡張団の使い方についての方針である。わたしは新聞拡張団の使用については、社とは考え方が大きく異なっていた。

新聞拡張団というのは、新聞拡販を専門とした団のことである。要請があった販売店の営業区域に入って、洗剤やビール券などの景品を配りながら新聞の購読契約を取り付けることを仕事にしている。拡販活動がエスカレートして、恫喝による拡販や暴力事件もしばしば起こしている。

現在は女性の拡販員も珍しくなくなったが、わたしが現役だったころは、男性ばかりだった。しかも、刑務所を出所して拡張団に就職した者も少なからずいた。こうした類の男たちの大半は、新聞拡販で日銭を稼いではギャンブルに使ってしまう。気質も一概に荒っぽい。

そのために住民からの苦情も後を絶たない。たとえば、住民が玄関のドアを開けるまでチャイムを鳴らし続け、戸が開くと、さっと内側に入り込み、購読契約をするまで立ち去らないといった実態もあった。刃物類を景品として使って主婦に恐怖感を与え、購読契約をさせた例もある。一時期、消費者センターも新聞拡販を問題視していた。

新聞拡張団のイメージが悪くなるにつれて、新聞社も対策に乗り出した。拡張団の「団」と、暴力行為が結びつくと暴力団を連想させるという懸念からか、一九九〇年代に入ると、新聞拡張団という名称をやめて、「セールス・チーム」と呼ぶようになった。拡販活動の際に名札を提示することも義務付けた。

こうして少しはイメージが改善したが、団員の質そのものはそれほど変わらなかった。

団員は新聞の購読契約を締結しなければ、日当を払ってもらえない。となれば当然、大量の景品をばら撒き、時には恫喝するなど強引な新聞拡販に走らざるを得ない。彼らは販売店にとっても迷惑このうえない人々である。

一時期、琵琶湖の水が、新聞拡販の洗剤で汚染されたという苦情があがったことがある。もちろん全ての洗剤が新聞拡販の際にばら撒かれたものではないが、このような苦情が出るほど、異常な景品のばら撒きが行われていたのである。

驚くべきことに新聞拡張団の大半は、一九九〇年代の半ばまで、法人格を取得しないまま企業活動を展開していた。新聞社もそれを放置していた。税務当局から注意されて、初めて団の法人化を進めるに至ったのである。

新聞拡張団が新聞拡販に大きな役割を果たしてきたことは疑いない。社によっては、拡張団のボスを海外旅行や料亭に接待することも当たり前になっていたようだ。部数至上主義の下では、新聞拡販の鍵を握るものが、優遇されるのである。

しかし、わたしは新聞拡張団の使用には乗り気ではなかった。はっきり言えば反対だった。それは単に新聞は紙面の内容で販売するものであるという理念を優先していたからではない。また、景品の購入代金や人件費がかかるからでもない。

拡張団の使用に反対する最大の理由は、多量の景品をばら撒いて拡販活動をすると、読者の質が落ちるからである。

なぜ読者の質が落ちるのかを理解するためには、畑と肥料、それに作物の関係を考えると分かりやすい。作物を収穫するためには、畑を耕し、肥料を入れて、種を植える。その際、肥料に関して言えば、化学肥料を避けて、落ち葉など自然界の肥料を使うのが理想的だ。

しかし、それでは手間がかかりすぎるので、化学肥料を使う。問題は、化学肥料の使用が過剰になったときである。一時的には作物の収穫が増えるが、毎年化学肥料を投入しなければ、収穫が得られなくなってしまう。そして最後には、不毛の農地になる。土が死に絶えるのだ。

景品を使った新聞拡販と読者の関係もまったく同じだ。豪華な景品を使えば、確かに一時的に新聞の部数は増える。ところが新聞の購読契約が終了するたびに、新たに景品を投入し続けなければ、契約を更新してもらえなくなる。

しかも、こまったことに、ライバル紙も拡販攻勢をかけて読者を横取りしようとするので、景品の質もどんどん高価なものにせざるを得なくなる。それが販売店の経営を圧迫することは言うまでもない。

新聞は原則として紙面の質で販売するというのがわたしの考えだった。

三カ月の購読契約を取り付けるのに、景品代と人件費で一万五〇〇〇円ぐらいは簡単に消えてしまう。これに対して三カ月の新聞購読料が約一万二〇〇〇円（ひと月が四〇〇〇円で計算）であるから、収益が出るどころか赤字になってしまう。しかし、新聞社は、部数が増えることで紙面広告の媒体価値があがるので、販売店の経費負担など意に介さない。

わたしが懸念していた事態が最初に発生したのは、確か毎日が一度倒産した後、昭和五二年ごろだった。それまで毎日の販売店の大半は、景品を使って新聞拡販を展開していた。ライバル紙も景品を使って攻勢をかけてくるので、使用せざるを得なかったのである。幸か不幸か毎日新聞は順調に部数を伸ばしていた。

ところが倒産の後、社を再建する過程で、販売店に対して支出していた新聞拡販に要する補助金などを削減せざるを得なくなったのか、販売局はなるべく景品の使用を控えるように店主らに指示を出した。その結果、読者が次々と他紙に乗り換えていったのである。

◇新聞拡張団

毎日の販売局はこれに危機感を募らせたらしく、再び景品に頼った新聞拡販に戻った。

わたしが経営していた販売店は、販売政策の変更にそれほど大きく影響されることはなかったが、朝日と読売の攻勢にはやはり悩まされた。毎日だけが景品を提供しないということになると、どうしても読者は減っていく。

実際、公然と景品類を要求してくる読者も現れた。販売店に電話で、

「風呂（温泉）の券をくれるか？」

とか、

「洗剤を持ってきてくれるか？」

と、言ってくる。

わたしは読者から馬鹿にされているような気がした。

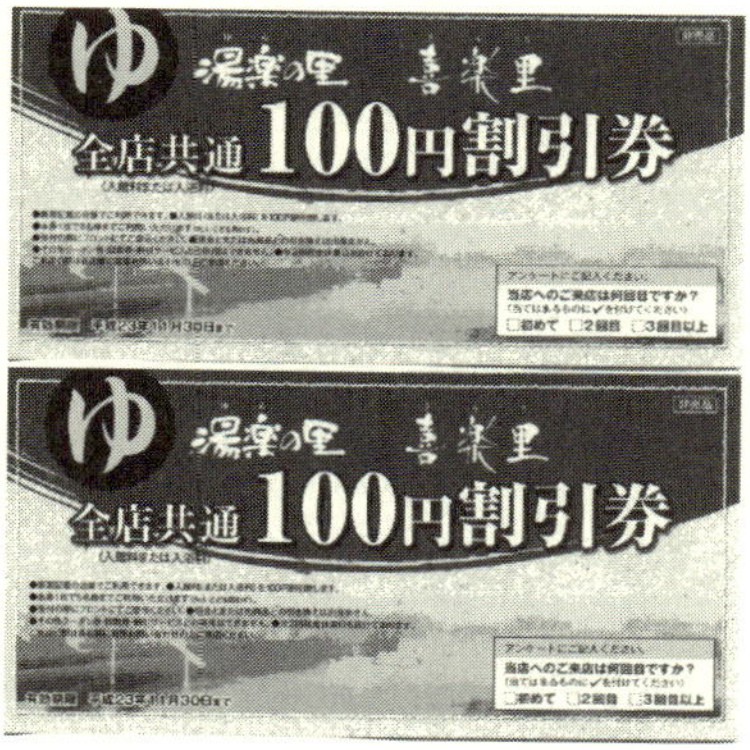

新聞拡販に使われる銭湯の割引券

「うちは雑貨屋ではありません」

そんなふうに返答しても、全く景品を使わない方針を撤回せざるを得なくなった。そこで展覧会の入場券など、文化活動に関連したものに限定して、景品を使うようになったのである。しかし、新聞拡張団の使用だけは控えた。新聞拡張団を地域に入れると、あっという間に「畑」を荒らしてしまうからだ。

毎日の販売局も販売方針をめぐっては、試行錯誤していたようだ。景品など使いたくはないが、ライバル紙が景品を大量に使っている以上、対抗措置を取らざるを得ないという意見が大勢を占めていたようだ。また、毎日だけが拡張団を使わなければ、「戦線」から離脱するようなものだった。

毎日新聞社の大阪本社がまだ堂島にあったころ、わたしは販売局に新聞拡張団の使用をやめるよう強く進言していた。拡張団は、「百害あって一利なし」というのがわたしの考えだった。やがてわたしの言動がどこからともなく方々の新聞拡張団の耳に入ったらしい。

ある日の夕方、毎日新聞社の玄関を出ると、前方の薄暗がりの中に四、五人の人影が見えた。チンピラの一団のような印象があった。直感でわたしを待ち伏せしていることが分かった。

男たちとの距離が縮まると、わたしはそのうちの一人が顔見しりであることに気付いた。京都に事務所がある拡張団の団長だった。部下を引き連れて毎日本社にやってきて、わたしを待ち伏せしていたらしい。

団長は初老の小柄な男である。わたしの肩のあたりにまでしか身長がない。怖いとも思わない。わたしが足を止めると、ねちねちとした口調で、

「あんた、月の夜ばっかりとはちがいまっせ」

と、言った。闇の中での襲撃に気をつけよとほのめかしているのだ。

「あほかい、何を言うとんねん」

「おぼえていなはれ」

「あほか、のそいくせに」

「おぼえていなはれ」

「ようおぼえとくわ。おまえの顔もおぼえとくわ」

しばくにらみ合ったが、やがてどちらからともなく視線をそらし、そのまますれ違って別れた。

本来、新聞はジャーナリズムであるから、情報の質をＰＲすることで普及させなければならない。ところが現実は、文化とは相いれない方法で、拡販活動が展開されている。その他にも部数に対するこだわりの中で生じている奇妙な現象を数えると限がない。

たとえば読売新聞社と読売ジャイアンツの関係である。読売グループが読売ジャイアンツを経営し、読売新聞がジャイアンツについての記事を書くことで拡販に結び付ける。その結果、読売のプロ野球報道ではジャイアンツの記事が幅を利かすようになったのである。ジャーナリ

2011年(平成23年)9月16日(金曜日)

G重い6失点

守乱続き 小野・高木痛恨被弾

横浜6-5巨人

ヤクルト8-1広島

畠山4

ベイに

読売の紙面ではジャイアンツが大きく扱われる傾向がある

ズムの立場からすれば、これが本末転倒していることは言うまでもない。

朝日の場合は、夏の全国高校野球を主催、報道することで朝日新聞をPRする。毎日も、春の甲子園大会を主催しているので例外ではない。新聞人が野球界でも幅を利かしている状況は異常だ。

販売店主の中には、自分たちが協力させられている販売政策がどこかおかしいと感じている人も少なからずいる。しかし、それを変えていく力を結集することはできない。疑問を感じて紙面のPRで拡販していたのでは、拡販競争に負けて店主としての座も追われかねないからだ。

◇精神を病んだ従業員

若い世代の店主や従業員の中には、激しい乱売競争の中で自分の職業を毛嫌いするようになる者も少なくない。ひとつとの悲劇的な例を紹介しよう。毎日新聞の箕面東販売所を経営していた橋本典也さんから、数年前に聞いた話である。

橋本さんの販売店には、八木（仮名）君という優秀な専従がいた。八木君は橋本さんの下で店の業務を取り仕切っていた。当時の箕面市は新興住宅地だった。それに目をつけた新聞各社は、箕面市を舞台に激しい乱売を展開した。

ところが毎日新聞の販売店は、財政規模からして、それほど多くの景品が使えるわけではない。ライバル紙の攻勢には太刀打ちできない。その結果、毎日新聞の購読を中止して、他紙に乗り換える動きが加速した。

八木君は読者の質が低下していくのを感じるようになった。読者の自宅へ集金に行くたびに、景品類を要求されることが重なるようになったのである。

新規の購読契約を結ぶ際に景品を提供するのであればまだしも、集金の際にも要求される。断れば他紙に乗り換えてしまう。自分が新聞販売店ではなく、雑貨屋で働いているような錯覚に陥ったという。

とうとう近藤君はノイローゼになってしまい、読者の自宅を訪問できなくなった。読者の自宅玄関の前に立つと、体が拒否反応を起こすようになったのである。その結果、購読料を店に納金できなくなり、八木君は新聞業界を去った。

部数至上主義が販売店主だけではなくて、従業員をも悲劇に巻き込んだのである。

第4章　日販協の「押し紙」調査

◇「押し紙」の責任は販売店にあるという主張

日販協（日本新聞販売協会）は、全国の新聞販売店の同業組合である。戦後まもなく設立された組織で、わたしも日販協の近畿地区本部の役員として活動に参加したことがある。

昭和五二年、日販協は全国の新聞販売店を対象に「残紙」調査を実施した。「残紙」とは文字通り販売店の店舗に配達されないまま残った新聞のことである。「押し紙」と同意語であると考えてほぼ間違いないが、違いを明確することは、「押し紙」の存在を否定している新聞社の詭弁《きべん》を知る上で不可欠ともいえる。

そこで残紙調査により浮かび上がった結果を紹介する前に、「押し紙」と「残紙」、さらには「積み紙」の定義をめぐる諸説に言及しておこう。

まず、「押し紙」とは、販売店で過剰になった新聞のことである。押し売りされる新聞というニュアンスである。

しかし、新聞社は販売店で過剰になっている新聞を指して「押し紙」とはいわない。「自分たちは販売店に新聞を押し付けたことがないので、『押し紙』という言葉は不適切だ」という論理で切り返してくる。

販売店に対して新聞の押し売りをしてないとすれば、なぜ、膨大な数の新聞が販売店に余っているのだろうか。この点について質問されると、これも常套手段として、「余っている新聞は、販売店が自ら希望して注文したものだ」と反論してくる。それゆえに押しつけた新聞ではないと言うのだ。

読者は、このような新聞社の主張を理解できるだろうか？　ちんぷんかんぷんで訳が分からないと呟く読者も多いのではないかと思う。というのも、販売の対象とならない余分な新聞を好んで仕入れ、しかも卸代金を支払う者は、常識的には存在しないからだ。もし、このような状況が現実にあるとすれば、販売店が過剰な新聞を仕入れる背景には、別の事情があると考えるのが道理だ。

この謎を解くには、新聞に折り込まれる折込チラシと「押し紙」の関係を理解しなければならない。すでに第１章で述べたように、新聞販売店に搬入される折込チラシの枚数（折込定数）は、原則として、販売店に搬入される新聞の総部数と一致させる慣行になっている。とすれば当然、「押し紙」部数に対しても折込チラシが付随する。

こうした状況の下で新聞一部から発生する折込チラシの収入が、新聞の卸原価を上回った場合、「押し紙」は販売店にとって負担になるどころか、逆に利益をもたらす。チラシによる収入から新聞の原価を差し引いた額が利益になる。もちろん、「押し紙」に相応するチラシを水増しする行為は明らかな詐欺であるが、大半の広告主はそのからくりを知らない。

新聞社はこのような構図があることを前提に、販売店が折込チラシの収入を増やすために、配達の予定がない新聞を自ら注文すると主張してきた。だから責任は販売店の側にあり、自分たちが新聞を押し売りしたことが原因で、配達されない新聞が販売店の店舗に余っているのではないと主張する。

◇「押し紙」で利益を得るのは新聞社

しかし、新聞社のこのような主張は、たとえ販売店がチラシの水増しで不正な利益を上げているとしても、それ以上に自分たちが「押し紙」でメリットを得ていることを覆い隠している。

第一に「押し紙」により新聞社は販売収入を増やす。新聞の卸代金は、「押し紙」についても徴収されるわけだから、たとえば発行部数が一〇〇万部の新聞社で、二割にあたる二〇万部が「押し紙」と見積もっても、卸代金が月額二〇〇〇円と仮定すれば、四億円（月額）の収入増になる。

第二に新聞社は「押し紙」をすることでABC部数をかさ上げし、紙面広告の媒体価値を高めることができる。新聞社の中には、「押し紙」を負担してもらうために、販売店に対して補助金を提供している社も多い。補助金を提供しても、ABC部数が高くなれば、投入した補助金の額よりもはるかに高い収益を得る可能性がある。

つまり「押し紙」でより大きなメリットを得ているのは、販売店ではなくて、新聞社の側である。販売店が折込チラシの水増しで、不正な収入を上げるケースが稀にあることは事実であるが、新聞社が「押し紙」から得るメリットは、それよりもはるかに大きい。

わたしが知る限り、「チラシ詐欺」のレッテルを張られてまで、微々たる収益のために、無駄な新聞を仕入れるような店主はほとんどいない。過剰な新聞が販売店に余っているとすれば、それは新聞社による押し売りの結果である。

ただ、新聞社は「押し紙」の存在を否定しているわけだから、過剰になった新聞を指して「押し紙」とは言わない。その代わりに採用しているのが、「積み紙」という言葉である。「販売店が店舗にみずから積み上げている新聞」というニュアンスである。だからこの言葉の背景には、販売店が「チラシ詐欺」を行っているという論理があるのだ。

「残紙」というのは、「押し紙」と「積み紙」の総称である。単純に「販売店に残っている紙」という意味である。

ビニールの包装束が「押し紙」。新聞の包装束は水増しされた折込チラシ。

しかし、このような言葉の使い分けを巡る論争は、新聞業界の内部でのことであって、一般の人々は「押し紙」、「積み紙」、「残紙」の区別をしない。販売店で過剰になっている新聞を指して「押し紙」と呼んでいるのである。社会通念に照らし合わせたとき、販売予定がない商品を仕入れるはずがなく、もし、そのような事態が発生しているとすれば、押し売りの結果と判断するのが一般常識であるからだ。
わたしは言葉の定義を巡って、これだけ詭弁がまかり通っている事例をほかに知らない。しかも、新聞関係者は裁判の場でも、堂々と「押し紙」の存在を否定しているのである。

◇「今まで一件もございません」

たとえば最近の例で言えば、新潮社と読売の間で争われている「押し紙」を巡る名誉毀損裁判の中で、読売の宮本友丘副社長（当時は専務）は、喜田村洋一弁護士の質問に答えるかたちで、次のように「押し紙」の存在を全面否定している。

喜田村洋一弁護士：この裁判では、読売新聞の押し紙が全国的に見ると三〇パーセントから四〇パーセントあるんだという週刊新潮の記事が問題になっております。この点は陳述書でも書いていただいていることですけれども、大切なことですのでもう一度お尋ねいたしますけれども、読売新聞社にとって不要な新聞を販売店に強要するという意味での押し紙政策があるのかどうか、この点について裁判所に御説明ください。
宮本専務：読売新聞の販売局、あと読売新聞社として押し紙をしたことは一回もございません。
喜田村：それは、昔からそういう状況が続いているというふうにお聞きしてよろしいですか。

宮本：はい。

喜田村：新聞の注文の仕方について改めて確認をさせていただきますけれども、販売店が自分のお店に何部配達してほしいのか、搬入してほしいのかということを読売新聞社に注文するわけですね。

宮本：はい。

（略）

喜田村：被告の側では、押し紙というものがあるんだということの御主張なんですけれども、なぜその押し紙が出てくるのかということについて、読売新聞社が販売店に対してノルマを課すと。そうすると販売店はノルマを達成しないと改廃されてしまうと。そうすると販売店のほうでは読者がいない紙であっても注文をして、結局これが押し紙になっていくんだと、こんなような御主張になっているんですけれども、読売新聞社においてそのようなノルマの押しつけ、あるいはノルマが未達成だということによってお店が改廃されるということはあるんでしょうか。

宮本：今まで一件もございません。

◇一日の残紙が三八〇万部

このような「押し紙」を巡る解釈は、わたしが現役店主だった時代からまったく変わっていない。新聞販売店が「押し紙」に苦しんできたにもかかわらず、新聞社は、その責任を販売店に転嫁して、「押し紙」政策を廃止しない。自分たちが「正義」で、販売店が「不正義」という前提で、販売政策の転換をはかろうとはしなかった。

その結果、販売店から苦情の声は、日販協へ寄せられるようになり、昭和五二年、日販協の執行部は「残紙」調査を実施することを決めたのである。

「押し紙」が発生する背景に部数への異常なこだわりがあることはいうまでもない。

さて、日販協の「残紙調査」の結果を紹介しよう。日販協は全国にある約二万店の新聞販売店から二〇〇〇店を無作為抽出法で選び出して調査票を送付した。記入する項目は、次の通りだった。

1、地域
2、系統
3、店名
4、残紙の部数
5、残紙の比率

6、使用している拡材（高屋注：新聞拡販に使う景品）の種類

「1」から「6」のうち、「3」の店名は無記入も容認される。調査票の送付に際して、日販協は秘密の厳守も約束した。

調査の結果は、『日販協月報』（昭和五二年一一月三〇日）で公表された。それによると、「残紙ゼロ」と回答した店は、四・六％で、九五・四％の店が「残紙」を抱えていることが判明した。「残紙」と言っても、実質的には「押し紙」である。一店あたりの平均「残紙」率は、八・三％だった。全国紙と地方紙を比較すると、前者が八・六％で、後者が六・五％だった。

地域別の残紙率は高い順に次のようになった。

1、近畿地区（一一・八％）
2、中国・四国（一一・一％）
3、関東地区（一〇％）
4、中部地区（九・三％）
5、多京神地区（八・七％）
6、九州地区（八％）
7、北陸地区（六％）

8、東京地区（五・六％）
9、東北地区（五・五％）
（「多京神地区」は、東京都の多摩地区と神奈川県のこと。「東京地区」は東京二三区のこと。「関東地区」は、上記以外の関東地区を指す）

日販協の推定では、一日の「残紙」部数は、全国で約三八〇万部になった。毎日新聞のABC部数が約三六〇万部（平成二二年上期）であるからそれに匹敵する。これだけ膨大な部数が、毎日のように無駄に破棄されている計算になる。

一方、新聞拡販で使われる景品としては、次のような物品が判明した。

1、洗剤
2、タオル
3、ティッシュペーパー
4、ビール券
5、醤油券
6、電卓計算機
7、毛布

調査結果を受けて日販協の上木深会長は、新聞各社の社長あてに次のような要望書を提出している。

「わが社に限って押紙などない筈だ。販売責任者から、そのように報告を受けている」といわれる経営者としてのお言葉が返ってくるかもわかりませんが、当協会が全国的に販売店に

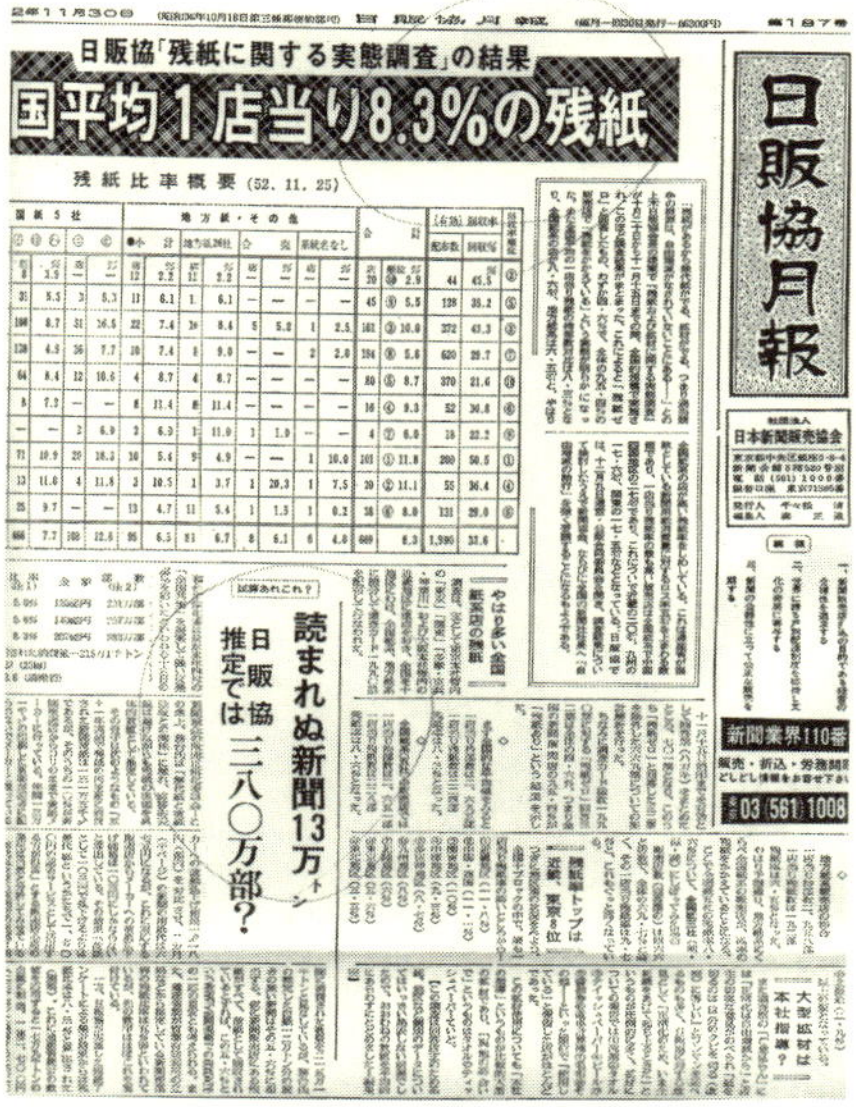

日販協「残紙に関する実態調査」の結果
国平均1店当り8.3%の残紙
残紙比率概要（52. 11. 25）
日販協月報
社団法人 日本新聞販売協会
読まれぬ新聞13万トン
日販協推定では三八〇万部？
新聞業界110番
03（561）1008

「残紙」調査の結果を伝えた『日販協月報』（昭和52年11月30日号）の第1面

ついてアンケート調査をした結果をみますと、一店平均八・三％の残紙を保有していることになります。別添『日販協月報』第一面記事をご覧下さればお判り頂けると存じますが、この調査からの推計によれば、年額一七・九万トン、二〇七億円に相当する新聞用紙を無駄に消費し、これを販売店に押しつけ、されに莫大な拡材費（景品に使用する費用）をかけて、ほんの一部の浮動読者の奪い合いを演じている実態

を見るとき、ひとり一社の損益計算に止まらず、わが国の新聞産業全体の大局から見ても、その利益得失は果たしてどうであるのか、経営責任者である貴台には十分おわかりのことと存じます」（後略）

◇業界紙も「押し紙」を批判

日販協による「残紙」調査をどう評価するかはなかなか難しい。たとえば近畿地区の「残紙」率は一一・八％になっているが、わたしが経営する販売店には、もっと「押し紙」があった。

自店における日経新聞（当時、わたしは毎日新聞のほかに、日経新聞も扱っていた）の数字が手元に残っているので紹介しよう。日販協による「残紙調査」の前年にあたる昭和五一年のデータである。

日経は専売店の数が少ないこともあって、他社の販売店に配達と集金業務を委託している地域が多い。

日経が業務を委託する側であるから、単純に考えると、「押し紙」が出来ない立場にあるかのように思われるが、現実は別の構図になっている。販売店は少しでも多くの新聞を配達することで収入を増やしたいと考える。従って日経は、格好の「お客様」ということになり、競って日経と業務委託しようとする。

こうした状況の下では、日経の方が委託先の販売店よりも優越的な立場になる。意に沿わないことがあれば、商契約が終了した時点で委託先を別の系統の販売店に変更できるからだ。ここに他系統の販売店においても、日経の「押し紙」が発生する土壌があるのだ。

昭和五一年六月、日経は委託先の販売店に対して、「日経創刊一〇〇周年　大阪五〇万部達成計画のお知らせ」と題する通知書を配布した。これは日経の創刊一〇〇周年を機に、大阪管内で五〇万部を達成するための目標割当部数を通知したものである。

未達成の部数が、そのまま「押し紙」になるのは、日経に限らず新聞業界の慣行である。

わたしが日経から受け取った通知書には、当時、経営していた三店（蛍ヶ池、桜井谷、豊中）の「実配部数」と目標数が記されている。拡販の期間は七月から一二月の半年である。

このうち通知書に日経が記した「実配部数」は三店の総計で四五三〇部だった。しかし、「実配部数」とはいうもののこの数字には、約七〇〇部の「押し紙」が含まれていた。「押し紙」率にすると、約一五％である。

この「実配部数四五三〇部」に対して、新たな到達目標数は五〇〇〇部である。四七〇部の上積みである。上積率にすると約九％である。

もともと「押し紙」が約七〇〇部あったところに、さらにノルマの部数を四七〇部も上積みするのであるから、たとえこのノルマを全部達成できたとしても、なおも七〇〇部（約一五％）の新聞があまる計算になる。

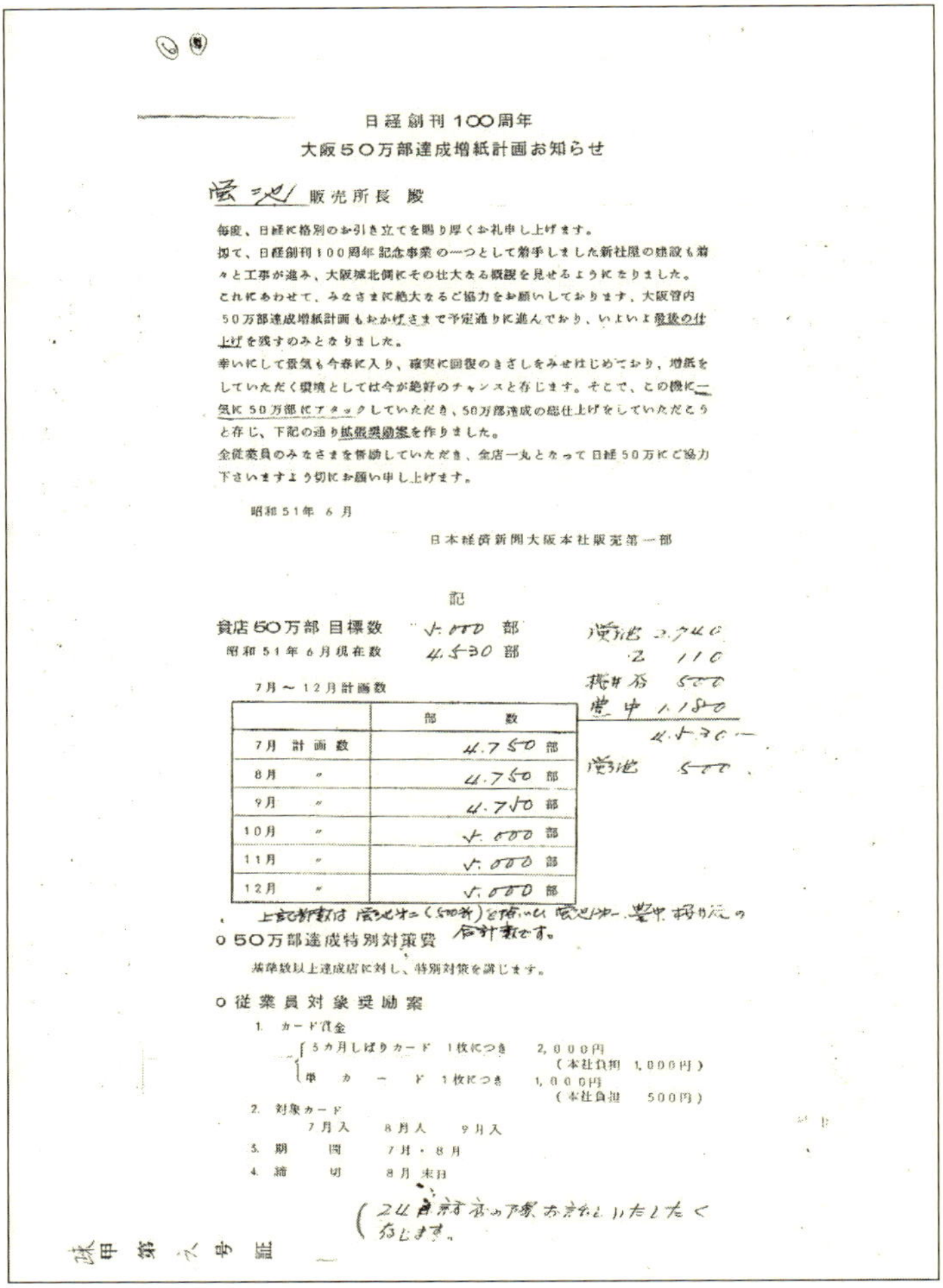

日経創刊100周年
大阪50万部達成増紙計画お知らせ

販売所長 殿

毎度、日経に格別のお引き立てを賜り厚くお礼申し上げます。

扨て、日経創刊100周年記念事業の一つとして着手しました新社屋の建設も着々と工事が進み、大阪城北側にその壮大なる概観を見せるようになりました。

これにあわせて、みなさまに絶大なるご協力をお願いしております、大阪管内50万部達成増紙計画もおかげさまで予定通りに進んでおり、いよいよ最後の仕上げを残すのみとなりました。

幸いにして景気も今春に入り、確実に回復のきざしをみせはじめており、増紙をしていただく環境としては今が絶好のチャンスと存じます。そこで、この機に一気に50万部にアタックしていただき、50万部達成の総仕上げをしていただこうと存じ、下記の通り拡張奨励案を作りました。

全従業員のみなさまを督励していただき、全店一丸となって日経50万にご協力下さいますよう切にお願い申し上げます。

昭和51年 6月

日本経済新聞大阪本社販売第一部

記

貴店50万部 目標数 5,000 部
昭和51年6月現在数 4,530 部

7月～12月計画数

	部数
7月 計画数	4,750 部
8月 〃	4,750 部
9月 〃	4,750 部
10月 〃	5,000 部
11月 〃	5,000 部
12月 〃	5,000 部

○ 50万部達成特別対策費

基準数以上達成店に対し、特別対策を講じます。

○ 従業員対象奨励案

1. カード賞金
   - 5カ月しばりカード 1枚につき 2,000円（本社負担 1,000円）
   - 単カード 1枚につき 1,000円（本社負担 500円）
2. 対象カード
   7月入 8月入 9月入
3. 期間 7月・8月
4. 締切 8月末日

著者が受け取った通知書。目標部数が指示されている

こんなふうに考えると、日販協の「残紙調査」の結果は、実態をあまり反映していないようにも感じる。少なくともわたしの販売店に関しては、実態はもっとひどかった。

なぜ、低い数字になったのか？　これはあくまでのわたしの推測にすぎないが、「残紙」調査の計画があることを知った新聞社が、販売店になんらかの指示を与えた可能性がある。新聞社は販売店が独自になにかをすることを極度に嫌う傾向がある。

当時、日経の「押し紙」は、業界紙でも批判の対象になっていた。『東京情報』（昭和五一年七月一二日）から、「ひどい日経の押紙」と題する記事を引用してみよう。

大型拡材やサービス紙の氾濫の原因は本社側の〝割当〟といわれる押紙に起因するところが大きい。日経はいま百周年の大攻勢をかけているが、この記念増紙の〝割当て〟に都内の店主は悲鳴をあげ、強い本社不信の声をもらしている。ある店主は「たしかに今まで日経の店主は仕事にあまさがあったが……」と前置きしながらも「それにしても本社の押紙はひどすぎる。いくら店主がおとなしいといっても限界があることを本社の販売幹部も知るべきだ」と、といささか物騒な発言をする者もいれば「現在都内の各店平均残紙は何パーセントぐらいだ」とはっきりと数字をあげて説明する者もいる。また、残紙を梱包も解かずに店の中に積んでおいたが、前日の梱包とその日に来た梱包が区別つかず、うっかりすると前日の梱包を解いて配ってしまう恐れもあるので、わざわざ梱包だけは解いて積んでおくことにし

たという店主の話も伝わっている。（略）

当時、わたしは日販協近畿地区本部の役員をしていた関係で、日経の販売店から「押し紙」についての相談をよく受けていた。相談を受けた以上は、日販協として対策を取らざるを得ないので、日経本社に足を運んで、

「あまり無理のないようにお願いします」

と申し入れたこともある。

一般論になるが、新聞社はさまざまな口実をつけて販売店に新聞の発注部数を増やすように働きかけてくる。そして店主が増紙の要求を断りきれない状態に追い込むのだ。

たとえば、担当員の昇進祝いに新聞の注文部数を増やすように乞われて、断り切れなかったという話をよく聞く。わたし自身も本書の「はじめに」で述べたように、昇級祝いの「押し紙」を要求されたことがある。新聞社の販売局員の出世は、増紙実績が大きな評価点になるから、このような理不尽なことがまかり通っているのだ

新聞社の担当員との人間関係が悪化すれば、店主は「押し紙」の負担を増やされる恐れがある。少なくともそのような不安は払しょくできない。

そこで店主は少しでも担当員との人間関係を良好なものにするために、配達する目途がない新聞の発注に応じたりもする。いわば一種の処世術である。

ある時、わたしは二人の日経の販売局員に対して、面と向かって「押し紙」の搬入を断ったことがある。その時に彼らがわたしに浴びせた言葉は、今でも脳裏から離れない。二人は顔を見合わせ、それから、一人があざけるように、

「何も分かっていないな」

と、言ったのである。それから後、わたしは強制改廃におびえた。扱っていた主要紙は、毎日と日経であるから、どちらか一方の搬入がストップすれば、大幅な人員整理を迫られる。わたしは販売店の立場の弱さを実感した。

新聞社の販売政策に従順になってしまうと、自分を見失ってしまうこともある。「押し紙」や折込チラシを、古紙回収業者に引き渡すことに後ろめたさを感じなくなるだけではなくて、不正に対して鈍感になってしまう。が、その方が精神的には楽になる。

たとえばわたしはABC部数をごまかすための帳簿作成にも協力したことがある。それは近くの毎日新聞販売店がABC調査の対象となった時だった。

◇帳簿の改ざんも当たり前

日本ABC協会は、部数調査を実施する数日前になると、新聞社に対して調査対象に選んだ販売店名を通知してくる。それを受けて新聞社は当該の販売店に連絡する。

本来、事前に調査対象になったことを通知していたのでは、抜き打ち調査の意味がなくなる

はずだが、新聞関係者のだれ一人として、この点を問題視したことがない。

われわれが選んだＡＢＣ部数偽装の方法は、悪質でもあり、滑稽でもあった。架空読者の姓名を設定する際に、有名人の姓名を適当に組み合わせる方法を取ったのである。

たとえば、演歌歌手の三波春夫と村田英雄を組み合わせて「三波英雄」。プロ野球選手の「長嶋茂雄」と「村山実」を組み合わせて、「長嶋実」にするというふうに。もちろん「三波茂雄」「村山春夫」という組み合わせも可能だ。

住所は適当に記入して、調査員が案内を要求してくると、「今、この人は病院に入院している」とか適当な理由を付けて誤魔化した。調査員も深く追求してくることはなかった。昼食を食べさせ、酒を飲ますと、早々と現場を引き上げていくのだった。

ちなみにわたしは約五〇年に渡って販売店主を務めたが、一度もＡＢＣ調査の対象になったことがない。これ自体がおかしなことである。

いわば新聞社の裏庭では、社会通念から逸脱したでたらめがまかり通ってきたのである。「仁義なき戦い」の中で、正常な感覚を失ってしまったのだ。もちろん新聞社の販売政策を告発する窓口もない。

日販協が「残紙」調査に踏み切った背景には、店主らの間で新聞社に対する不信感が沸騰していた事情があった。さもなければ、新聞社と協調関係にある組織が、新聞社の急所である「押し紙」問題を指摘するはずがなかった。

第5章　他人の批判は受け入れない

◇新聞販売史上のターニングポイント

世界史なり日本史の年表を広げてみると、いくつかのターニングポインにあたる時期があることに気付く。たとえば近代社会の夜明けともいえる明治維新や日本の帝国主義が崩壊した昭和二〇年八月一五日が特に詳細に記録されているように、歴史は均等な間隔で配列された事件の連続ではない。ある時代の記述には膨大なページが割かれる一方で、別の時代は数行で事足りることもある。

新聞販売史の上で一九八〇年代の前半は、景品を使った新聞拡販と「押し紙」に象徴される新聞社の部数至上主義が厳しい批判にさらされた時代である。同時に「押し紙」裁判が始まった時期でもある。しかし、「押し紙」を断った証拠がないというだけで、販売店が敗訴を繰り返すことになる。後述するように、実際には日販協が繰り返し「押し紙」を断っているのだが。

昭和五五年から六〇年にかけて、新聞販売に関連した諸問題を、共産党、公明党、それに社会党の議員が国会質問の場へ持ち込んだ。そして計一五回にわたって国会質問を行った。

しかし、新聞もテレビもまったく国会質問を報道しなかった。記者席は記者で満員になっていたそうだが、自分たちの足元の問題だったので、黙殺したのである。もし、この機会に新聞社が従来の販売政策を反省して、全面的な見直しを行っていれば、現在のような未曾有の危機に直面することはなかったかも知れない。

国会質問は現在問題となっている新聞販売に関する諸問題をほぼ網羅している。景品付きの

年月	本社送り部数	実配数	残数
76. 1	791	556	235
76. 6	870	629	241
77. 1	910	629	281
77. 6	950	626	324
78. 1	1030	614	416
78. 6	1050	689	361
79. 1	1095	680	415
79. 6	1035	627	408
80. 1	1100	608	492
80. 6	1100	675	425
	本社担当員と減紙交渉		
80. 7	720	676	44
81. 1	770	591	179
81. 5	815	644	171
81. 6	廃業		

表　北田店における取引きの実態（76年～81年）

新聞拡販や「押し紙」は言うまでもなく、補助金制度の問題にまで踏み込んでいる。

◇北田資料から国会質問へ

既に述べたように昭和五二年に日販協は、アンケートによる残紙調査に踏み切って、「押し紙」と景品を使った新聞拡販の問題をクローズアップした。こうした流れを受け継ぐかのように、一九八〇年代に入ると国会質問の引き金となるある出来事が起こる。

読売新聞鶴舞直売所（奈良県）の店主・北田敬一さんが、自店における「押し紙」を公正取引委員会へ告発したのである。北田さんの販売店における「押し紙」の実態は、表に示した通りである。

「押し紙」の負担が最も多かったのは、一九八〇年（昭和五五年）一月で、一一〇〇部の搬入部数に対して、四九二部が「押し紙」になっていた。その後、北田さんは読売と交渉して搬入部数を減らしてもらったが、再び「押し紙」が増え始める。そして昭和五六年の六月に自主廃業したのである。

この年の一〇月に、北田さんは「押し紙」を公取委に告発した。しかし、公取委は、なんの対策もとらなかった。「押し紙」に対する公取委のこのような姿勢は、三〇年後の現在も変わらない。

北田さんの告発をサポートしたのは、滋賀販労（滋賀県新聞販売労組）の沢田治委員長である。沢田さんの名前は新聞業界では、新聞社から嫌われている人間としてよく知られている。一九八〇年代の国会質問の裏側で動いていたのが沢田さんだったと言っても過言ではない。沢田さんに日販協の関係者も協力していたようだ。

沢田さんの著書『新聞幻想論』によると、国会質問に向けた動きは、新聞社サイドにも伝わっていたらしい。しかし、それは国会議員が「新聞屋」を相手にするはずがないといった楽観的なものだったという。

余談になるが、わたしは蛍ヶ池販売所の店主になったころから沢田さんを知っていた。特に親しい間柄だったわけではないが、知り合いの販売店に沢田さんがいた。その販売店の店主から、沢田さんが「押し紙」を毎日新聞社の販売部長の自宅へ運び、玄関前に積み上げたという武勇伝を聞いていた。

一連の国会質問の糸口になったのは、北田さんの「押し紙」問題だった。

沢田さんは読売新聞鶴舞直売所における商取引の記録を北田さんから入手して、『北田資料』を編纂した。それと平行して滋賀県選出の衆議院議員・瀬崎博義氏（共産）に新聞販売の諸問題を国会質問で取り上げるように要請したのである。

瀬崎氏は、新聞販売に関する最初の国会質問を昭和五五年三月五日の衆議院予算員会で行った。この中で指摘したのは、サービス紙として無料で新聞が配達されている問題、新聞拡販に景品が使われている問題、さらには販売店主がトラブルに巻き込まれた時に相談する窓口がない問題であった。相談窓口を通産省に設けるように瀬崎氏が求めたのに対して、当時の国務大臣は、

「全く新しいケースでございますので検討してみたいと思います」

と、答弁している。

国務大臣が「全く新しいケース」と答弁したことでも分かるように、新聞販売の問題は、一九八〇年代の初頭まで公の場では、まったく顧みられることがなかったのだ。本来、新聞関係者が自主的に検証して、改めなければならない大問題が山積みになっていたにもかかわらず、うやむやにして来たのである。

◇国会で公取委批判

瀬崎氏の質問を皮切りに、以後、昭和六〇年までの五年間に、市川正一（共産）、草川昭三

（公明）、木内良明（公明）、関山信之（社会）の各議員が総計で一五回に渡って新聞販売問題に関連した国会質問を行った。

わたしに対しても、日販協の活動家・花田辰信さんから協力要請があった。そこでわたしは瀬崎議員の秘書に会って、「押し紙」に関する自分の販売店の資料を提供した。また、店舗にある「押し紙」を写真撮影することも許可した。

こうした準備を経て昭和五六年三月二日、瀬崎議員は自身二度目となる新聞販売に関する国会質問を行った。次に引用するのは、わたしが提出した資料に関する部分である。文中の「樋口新聞店」とは、わたしが経営する店を指す。

瀬崎：主査の了解を得て、この写真を大臣に見ていただきたいと思います。——いまお渡し申し上げましたこの写真は、大阪の豊中市螢ケ池にあります樋口新聞店、ここで発生をいたします一日分の残紙の写真なのであります。ビニール袋に包まれたままの姿がくっきり写っているでしょう。

この新聞は写真でもはっきりわかりますように日経新聞であります。この新聞店は毎日新聞約八〇〇〇部と日経新聞約四八〇〇部を扱っているのでありますが、毎日の方の残紙は約四〇〇部でありまして残紙率五％、公取の調査よりは多い率ではありますけれども、もちろん業界の常識から見ればこれはきわめて少ない方に属します。

日経の方は四八〇〇部で、うち一五〇〇部が残紙でありますから、残紙率は三〇%を優に超えるのであります。小さな販売店の扱い総部数ぐらいに匹敵するのですね。この店の御主人は、本当に解決に努力してもらえるのなら私も勇気を出して事実を報告したい、こうおっしゃって写真を撮ることを許されたわけであります。そして、自分が陰に隠れておったのでは真実味が少ない、証人として写真に入ってもよいとそこに入れられたわけであります。

なぜ公取がこういう実態をつかめないのか、私は不思議なのですね。公取自身はどうお考えですか。

河村説明員：今回の調査は全国的、一般的な調査ということで、販売店を対象にした調査を行ったわけでございますが、この調査結果によりまして押し紙といった行為もかなり行われておるというふうにうかがわれますので、こういった点につきまして、こういった実態あるいはその背景をなしておると見られる新聞販売店との間の取引契約、そういったものをあわせまして調査を続行する、そういう予定でございます。

瀬崎：ですから、ぜひこの豊中の樋口販売店にも調査に行ってもらいたいと思います。

大体公取に従来余り本当のことを言われないのは、言ってもきちっと処置してくれない、残るのは発行本社の圧力を後で受けるだけ、こうなるからなんですよ。やる以上はきちっとやってもらいたい。

一五回にわたる国会質問の議事録を読み返してみると、当時の新聞販売現場の実態をよく反映している。たとえば市川正一議員は昭和五五年一一月一一日に、日販協の「残紙」調査の結果や新聞拡販のノルマ設定の手口を暴露している。

（略）日本新聞販売協会、俗に日販協と申しますが、この日販協が去る五十二年にも独自の調査を行ったところ、平均して約八・三％、トータルで二百九十万部の押し紙があったということを公表いたしております。こういうことが公表されているんだけれども、公取はいまだ何も手を打っておられない。しかも、私の調査ではこの時点よりも押し紙はさらにいわばひどくなってきている、そういう傾向を生んでおります。

私ここに一つのデータをもってまいりましたけれども、それは新聞社の名前を言うといろいろその販売店にも迷惑がかかりますから私あえて申しませんけれども、ある全国有力紙、その大阪における事例であります。この文章はことし十月に各販売店にあてられたものですが、「本紙奨励金制度更改及び新設について」と題する文章で、この販売店の場合は十月の実配数は、実の配数は約千部です。ところがこの文書によりますと、「貴店計画数」という欄がございますけれども、十一月、十二月合わせてこれを千部を約千二百部にしろと、来年の一月、二月は約千三百にしろ、三月、四月は約千四百にしろというふうに明記されている。この「貴店計画」というのは実は計画でも何でもないんです。これだけのものが販売店に有無を言わさず送られてくる、そういう数字であります。そうしますと、約三百部、購入部数、宅配達部数の二割以上の押し紙になるわけであります。これが全国的な押し紙の実態であります。

さらに市川議員は、「押し紙」と景品を使った新聞乱売の関係にも言及している。具体的には、「押し紙」を実配新聞に変えるために、販売店が景品を使った乱売に走らざるを得ない実態である。

私、次の問題をこれと関連してお伺いしたいんでありますが、こういう押し紙方式ということによってどういう事態が起こっているかという問題であります。

それは第一に、前回瀬崎議員も指摘いたしましたように、明白に景品表示法に違反する行き過ぎた拡販競争をもたらしております。景品、いわゆる拡材を使った拡販競争については、これはすでに昭和四十八年に公取が九州地区での拡材を使用した拡販競争に対して朝日、毎日、読売、西日本、こういう各発行本社に景品表示法違反で排除命令を出したり、あるいはその後昭和五十一年には各発行本社に対して厳重警告もされております。ところが、その後も一層これがエスカレートする方向に進んでいる。たとえば排除命令を出したところもある九州地区を見ますと、ここに新聞労連が調査した資料がございますが、一々その全国紙の名前は言いません。しかし、たとえばデジタル時計だとか、あるいはまた電気毛布、絵皿時計あるいはこたつかけ、トランジスタラジオ、こういうものと加えて無代紙と、すさまじくやっぱり横行しているわけです。

◇販売正常化を社告したが……

昭和六〇年四月一二日に木内良明議員（公明）が国会質問をしたのを最後に、超党派による新聞販売問題の追及は終わりを告げる。その後も共産党は断続的にこの問題を取り上げてきたが、明らかに追及力は衰えた。超党派で問題を追及したことが強みだったのかも知れない。

しかし、新聞社は国会で追及された事実を軽視できなくなったのか、同年の二月二〇日に、「正常化社告」なるものを発表した。社告のタイトルは各社で異なるが、内容は各社共通している。たとえば朝日新聞は、次のようなものである。

わが国の新聞は戦後急速な成長をとげ、その普及状況は、世界の最高水準に達しております。これはひとえに読者のみなさまのご支援のたまものですが、同時に、整備された戸別配達制度と、新聞販売店を中心とする積極的な販売活動があずかって力があったと思われます。

新聞の販売につきましては、民主主義の基礎にかかわる新聞の性格から、とくに独占禁止

新聞の正常販売さらに徹底

わが国の新聞は戦後急速な成長をとげ、その普及状況は、世界の最高水準に達しております。これはひとえに読者のみなさまのご支援のたまものですが、同時に、整備された戸別配達制度と、新聞販売店を中心とする積極的な販売活動があずかって力があったと思われます。

新聞の販売につきましては、民主主義の基礎にかかわる新聞の性格から、とくに独占禁止法、景品表示法によって、公正な競争のルールが厳重に定められております。しかしながら、一部にこの新聞販売のルールが徹底を欠き、物品や無代紙の提供、定価の割引など、禁止されている販売方法が見られますことは、遺憾のきわみであります。

日本新聞協会加盟の全国各新聞社はこの事態を憂慮し、さる昭和五十二年七月一日付紙面で「販売正常化に関する共同宣言」を掲載して以降、是正の努力を重ねてまいりました。すなわち、販売店と一体となって、業界の自主規制組織である新聞公正取引協議会を整備、活性化するとともに、第三者による調査・監視組織を全国約六十カ所に設け、あるいは共同集金制度という抜本的な措置を一部地域で採用するなど、自主規制を強化し、改善に努めてまいりました。

朝日新聞社は、販売店と一体となって今後もこの正常販売をいっそう強化し、自由で責任ある新聞の社会的使命を果たす決意を新たにし、ここにその旨を表明する次第であります。

読者のみなさまのご理解とご支援をお願いいたします。

昭和六十年二月二十日

朝日新聞社

新聞各社が社告した正常化宣言

法、景品表示法によって、公正な競争のルールが厳重の定められております。しかしながら、一部にこの新聞販売のルールが徹底を欠き、物品や無代紙の提供、定価の割引など、禁止されている販売方法が見られますことは、遺憾のきわみであります。

日本新聞協会加盟の全国各新聞社はこの事態を憂慮し、さる昭和五十二年七月一日付紙面で「販売正常化に関する共同宣言」を掲載して以降、是正の努力を重ねてまいりました。すなわち、販売店と一体となって、業界の自主規制組織である新聞公正取引協議会を整備、活性化するとともに、第三者による調査・監視組織を全国約六十カ所に設け、あるいは共同集金制度という抜本的な措置を一部地域で採用するなど、自主規制を強化し、改善に努めてまいりました。
朝日新聞社は、販売店と一体となって今後もこの正常販売をいっそう強化し、自由で責任ある新聞の社会的使命を果たす決意を新たにし、ここにその旨を表明する次第であります。
読者のみなさまのご理解とご支援をお願いいたします。

ちなみに新聞各社は、日販協が「残紙」調査を実施した昭和五二年にも「正常化社告」を発表している。時代は前後するが、平成六年にも京都で開かれた新聞大会で、販売正常化を約束して「特別宣言」を採択した。昭和六〇年の「正常化社告」を合わせると、三回も公の場で新聞販売の正常化を約束したのである。

しかし、いずれの「社告」や「宣言」もまったく守られることはなかった。景品を使った乱売も「押し紙」も、その後、ますます悪化の一途をたどったのである。

ここに至ってわたしは、新聞社が部数至上主義について何の反省もしていないことを知った。五年間に及んだ国会質問は何だったのかという疑問が残った。沢田さんが何度も上京されたことが、新聞販売現場の状況を改善する上で、何の成果もあげていないことに唖然とするのである。

しかし、国会での新聞販売問題の追及は、水面下では新聞関係者に有形無形の影響を与えていたのかも知れない。事実、新聞販売の問題が本格的に追及されるようになった時期に「押し紙」裁判も始まっている。

念を押すまでもなく、「押し紙」裁判とは、「押し紙」によって被った損害の賠償を請求するための裁判である。

ただ、新聞社は国会質問に耳を貸さなかったように、「押し紙」裁判の法廷に立たされても、「押し紙」の存在を否定し続けた。このような姿勢は当時から現在までまったく変わっていない。「押し紙」は一部たりとも存在しないと主張し続けているのである。

◇日販協は「押し紙」を断ってきた

わたしが知る限り、最初の「押し紙」裁判は、昭和五六年一二月に始まった毎日新聞三ツ沢販売所（横浜）のケースである。しかし、この裁判はその後に多発する「押し紙」裁判とはやや事情が異なる。特殊な例である。

通常、「押し紙」裁判では被害者である販売店が原告になるが、三ツ沢販売所のケースでは、毎日新聞社が元店主に対して、未払いになっていた新聞の卸代金（「押し紙」）の支払いを求めて裁判を起こしたのである。一方、元店主は、未払いになっている新聞代金は、「押し紙」から生じたものであるから、支払う必要はないと主張した。

判決は毎日新聞社に軍配があがった。元店主は残金の支払いを命じられたのである。

このケースで典型的に見られるように、新聞社は「押し紙」の存在そのものを否定している。販売店に搬入した新聞は、すべて販売店が自分の意思で注文したものという新聞社独特の論理に立っているのだ。

裁判所も新聞社側の主張を全面的に認めて来た経緯があり、平成二三年三月に販売店の勝訴判決が出た山陽新聞の「押し紙」裁判は例外として、その他の裁判ではことごとく新聞社が勝訴している（ただし、販売店の地位保全裁判の中で、新聞社の「押し紙」政策が認定されたことはある）。

このような実態はわれわれ販売店主にとっては、耐えがたい屈辱である。「押し紙」を負担させられて、だれもが被害者意識を持っているのに、司法は耳を貸そうとはしない。店舗で新聞が過剰になっていても、それは販売店が自主的に注文したものだとする新聞社の主張を全面的に認める。日本の司法の手にかかると、被害者が加害者に転換されてしまうのである。

なぜ、このように逆立ちした主張が堂々とまかり取っているのだろうか。司法の論理は単純で、販売店が「押し紙」を断った証拠がないから、自分で注文したものであるというものである。わたしはこれほど販売店をバカにした机上の論理をほかに知らない。「押し紙」を断れば、強制改廃されるケースがあるから、店主は「押し紙」を断れないのである。

後述するように、わたしも平成二〇年六月に毎日新聞社に対して、「押し紙」裁判を提訴した。改めて言うまでもなく、提訴の前提になったは、新聞を押し売りされたのだから、当然、裁判所は毎日に対して賠償を命じるべきだという思いだった。司法に対する一抹の不信感があったとしても、提訴により問題提起せざるを得なかった。

わたし以外に「押し紙」裁判を起こした店主もやはり同じ気持ちだと思う。「被害を受けたのだから、賠償が認められるべきだ」と考えて裁判を起こすのである。

ところが裁判所の判断基準は、すでに述べたように「押し紙」を断った客観的な証拠があるか否かである。「押し紙」が断れないから、余分な新聞がどんどん膨れ上がっていくにもかかわらず、「押し紙」を断った証拠を求めてくるのだ。これは現場の実態を知らない証拠である。

裁判所の求めに応えるような証拠、つまり店主個人が「押し紙」を断った証拠はほとんど残っていない。たとえ口頭で断っていても、その録音がない限り、裁判では証拠として認められない。録音していたケースもあるが、不思議なことにそれでもなお証拠としては認められなかった。

しかし、販売店は本当に「押し紙」を断っていないのだろうか。結論を先に言えば、店主個人が断ることはなかなか難しいが、店主の同業組合である日販協が店主らを代表して、「押し紙」の中止を求めてきた事実は、『日販協月報』などに公式の記録として残っている。業界団体として、店主に代わって繰り返し「押し紙」を断ってきたのだ。

たとえば昭和四二年五月の『日販協月報』によると、日販協は、全国の新聞各社に要望書を送っている。このうち「押し紙」については、次のように要望している。

業界諸悪の根源は新聞社の「押紙」にあるので、販売店からの注文部数による「自由増減」取引きを励行して頂きたし。

「自由増減」取引というのは、販売店が自由に注文部数を決める取引きを意味する。販売業者が自由に注文部数を決めるのは、社会通念に照らし合わせれば当たり前のことである。通常の商取引では、販売業者が商品の注文部数を決められない事態はありえない。

しかし、新聞の商取引では、本来ならありえないことが行われているのだ。それゆえに、「自由増減」による取引を業界団体である日販協が新聞社に公式要請するという奇妙な現象が起きたのだ。

以下、日販協が新聞社に対して「押し紙」の中止を求めたことを示す事実を『日販協月報』の記事を根拠に紹介しよう。

■昭和四七年三月六日、日販協の金城勢之助会長ら九名が在京各社を訪問して、販売首脳部と会談し、要請書とお願いを手渡した。このうちお願いには、次の項目がある。

「増紙割当による残紙がないよう監視されたし」

「増紙割当による残紙」とは、拡販のノルマ部数を課して、未達成部数を「押し紙」にすることを意味する。

■昭和四八年一〇月一四日、日販協は全国拡大理事会を開き、五項目の決議を採択した。このうち三項目が販売正常化に関するものだった。具体的には次の通りである。

「不公正取引の大元をなす押紙を排し、自由増減に徹すること」
「拡張材料を使用しないこと」
「違反行為に対して規制機関は厳正に処理すること」

ちなみに『日販協月報』に掲載された全国拡大理事会の壇上の写真には、「経営安定は自由増減から」、「拡材やめて明朗販売」などの標語が写っている。

■昭和四九年九月一三日に日販協は常任理事会と第三回新聞販売公正委員会を開き次の決議を採択した。

(1) 昭和38年11月25日　日販協月報

全国理事会開く

四項目一歩も引かず

特指・新法は公販協案支持、日夕廃止、押紙排除を決議

裾の方の組織を

喜多顧問 体質改善のハイライトをのべる

「押し紙」の排除決議を伝える『日販協月報』

業界の向上と安定を図るため、全新聞業者は特殊指定並びに公正競争規約を厳正に順守すべきである、特に、新聞社において

一、自由増減の励行

二、拡張材料の禁止

を速やかに実行することが緊急であるから、各新聞社の販売最高責任者が関係者にこの二項目について指導、徹底することを要請する。

右決議の趣旨を貴社関係者に周知徹底して頂くよう格別のお計らいをお願いいたします。

■昭和五五年二月九日に日販協は理事会を開き新聞公正取引協議会に対して意見を提出した。

「一、押し紙、積み紙および拡材の禁止とその罰則を強化すること。」

■昭和五六年四月一五日、千葉県の販売店主らが「千葉県新聞販売正常化総決起大会」を開

催して、大会宣言を採択した。その中の合意事項のひとつに次の項目がある。

「諸悪の根源は無暴なる押紙にあること。」

■昭和五七年九月一二日に日販協近畿地区本部は、「新聞販売正常化大会」を開催して大会宣言を採択した。その中で次の二点が確認されている。

「一、押し紙を受けず、積み紙をしない。」

「一、拡材は一切使わず、無駄・値引きをしない。」

■昭和五七年一二月二五に東京都の新聞販売にかかわる三団体（東京地区新聞公正取引協議会、同運営協議会、東京都新聞販売同業組合）が東京都新聞販売正常化実施宣言大会と称する集会を開いた。その中で次の事柄が宣誓された。

「一、完全自由増減。」

「一、残紙は二％以内。」

「一、無代紙の即時撤廃。」

「一、拡材の正常化。」

宣誓事項に「完全自由増減」が盛り込まれていることは、自由増減が取引形態になっていない証である。言葉を換えれば、新聞社が新聞の搬入部数を決めているのである。店主に注文部数を決める権限がないということである。

さらに「残紙は二％以内」と宣誓されたということは、残紙が二％を超えていることを意味する。すなわち「押し紙」が存在するのだ。

■昭和五八年二月一二日に日販協は読売新聞社の小林与三次社長に対して、「販売正常化に関する意見書」を提出した。これは「小林社長から、『どうしたら完全に紙を切り（注：紙を切るとは「押し紙」をなくすの意味）、自由増減が確保され、正常化が達成できるか具体案を提出して欲しい』と要請があったことから」日販協が意見をまとめたものである。その中には次の項目が盛り込まれている。

「1、新聞社は部数万能主義を改め自由増減に徹するよう販売政策を変革されたい。」

「2、販売関係社員に対し、当面の最重要政策である販売正常化に挺身することが社員の任務であることを厳命されたい。」

「3、販売店との取引上、次の考慮を加えられたい。
イ、拡材の一括購入と販売店への供与を行わないこと。
ロ、拡材補助を行わないこと。」

■昭和五八年四月二八日に、日販協は新聞協会と公正取引委員会に新聞特殊指定の擁護を求める陳情書を提出した。その中に次の項目が盛り込まれている。

「一、押し紙を排し自由増減に徹するよう新聞社の販売政策を変革されたい。」

「三、新聞社が販売店に対し、拡材使用を奨励するような各種の補助制度や現物供与を行わないこと。」

「七、省資源、省エネルギーの見地から残紙となる無駄な部数の印刷を抑制されたい。」

「（略）押し紙と差別対価を禁止する現行の特殊指定が撤廃されれば、販売店はこれまで以上の押し紙の重圧を受け、値引き競争に駆り立てられることは明らかであります。（略）」

■平成四年四月一六日に、日販協は第一回拡大関東地区正常化推進会議を開いた。この会議の確認事項に次のことが含まれている。

「一、自由増減の励行。」
ここでも自由増減になっていない新聞社と販売店の商取引きの実態が暴露されている。

■平成五年一〇月一八日、日販協近畿地区本部は、兵庫県姫路市で販売正常化大会を開いた。大会宣言には、やはり自由増減が明記されている。

「一、自由増減の励行。」
「一、公正競争規約に基づいた正常販売の励行。」

以後、『日販協月報』から「押し紙」を断ったことを示す記述は激減するが、少なくともある一定の時期までは、日販協が業界団体として新聞各社に「押し紙」を断ってきた事実があるのだ。

以上、検証したように新聞社は国会で追及を受けても、「押し紙」裁判で法廷に立たされても動じなかった。正常化宣言なるものもことごとく無視した。さらに昔から日販協が繰り返し「押し紙」を断って来たにもかかわらず販売政策を改めようとはしなかった。

このような数々の事実を前にわたしは、新聞関係者には他人の批判に耳を傾ける姿勢がまったくないのではないかと思わざるを得ない。かくも高慢になっている背景には、自分たちが新聞の巨大部数を背景に、メディアを通じて政治や社会を動かしているという際立った優越感が潜んでいるのではないかと思う。販売店主を対等な人間とはみなさない。それはまさに権力者の姿勢にほかならない。

第6章　新聞倫理綱領の理想と実態

◇「すべての新聞人は品格を重んじなければならない」

日本新聞協会が定めた新聞倫理綱領は、新聞人が高い倫理意識を備える重要性を謳っている。

国民の「知る権利」は民主主義社会をささえる普遍の原理である。この権利は、言論・表現の自由のもと、高い倫理意識を備え、あらゆる権力から独立したメディアが存在して初めて保障される。新聞はそれにもっともふさわしい担い手であり続けたい。

おびただしい量の情報が飛びかう社会では、なにが真実か、どれを選ぶべきか、的確で迅速な判断が強く求められている。新聞の責務は、正確で公正な記事と責任ある論評によってこうした要望にこたえ、公共的、文化的使命を果たすことである。

編集、制作、広告、販売などすべての新聞人は、その責務をまっとうするため、また読者との信頼関係をゆるぎないものにするため、言論・表現の自由を守り抜くと同時に、自らを厳しく律し、品格を重んじなければならない。（略）

しかし、日本の新聞社の経営方針は、新聞倫理綱領の理想からは程遠いところにある。たとえば「押し紙」を断ると一方的な強制改廃が断行されることがある。そこには新聞人が重んじるべき品性などひとかけらもない。

新聞倫理綱領

2000（平成12）年6月21日制定

21世紀を迎え、日本新聞協会の加盟社はあらためて新聞の使命を認識し、豊かで平和な未来のために力を尽くすことを誓い、新しい倫理綱領を定める。

国民の「知る権利」は民主主義社会をささえる普遍の原理である。この権利は、言論・表現の自由のもと、高い倫理意識を備え、あらゆる権力から独立したメディアが存在して初めて保障される。新聞はそれにもっともふさわしい担い手であり続けたい。

おびただしい量の情報が飛びかう社会では、なにが真実か、どれを選ぶべきか、的確で迅速な判断が強く求められている。新聞の責務は、正確で公正な記事と責任ある論評によってこうした要望にこたえ、公共的、文化的使命を果たすことである。

編集、制作、広告、販売などすべての新聞人は、その責務をまっとうするため、また読者との信頼関係をゆるぎないものにするため、言論・表現の自由を守り抜くと同時に、自らを厳しく律し、品格を重んじなければならない。

自由と責任　表現の自由は人間の基本的権利であり、新聞は報道・論評の完全な自由を有する。それだけに行使にあたっては重い責任を自覚し、公共の利益を害することのないよう、十分に配慮しなければならない。

正確と公正　新聞は歴史の記録者であり、記者の任務は真実の追究である。報道は正確かつ公正でなければならず、記者個人の立場や信条に左右されてはならない。論評は世におもねらず、所信を貫くべきである。

独立と寛容　新聞は公正な言論のために独立を確保する。あらゆる勢力からの干渉を排するとともに、利用されないよう自戒しなければならない。他方、新聞は、自らと異なる意見であっても、正確・公正で責任ある言論には、すすんで紙面を提供する。

人権の尊重　新聞は人間の尊厳に最高の敬意を払い、個人の名誉を重んじプライバシーに配慮する。報道を誤ったときはすみやかに訂正し、正当な理由もなく相手の名誉を傷つけたと判断したときは、反論の機会を提供するなど、適切な措置を講じる。

品格と節度　公共的、文化的使命を果たすべき新聞は、いつでも、どこでも、だれもが、等しく読めるものでなければならない。記事、広告とも表現には品格を保つことが必要である。また、販売にあたっては節度と良識をもって人びとと接すべきである。

新聞倫理綱領の全文

◇販売店に対する「切り捨て御免」

最近起こった販売店の強制改廃でよく知られている例としては、平成二〇年三月一日に起こったＹＣ久留米文化センター前店（福岡県）のケースがある。この店の店主は、三カ月前に弁護士を通じて「押し紙」を断っていたという。その時点における部数内訳は、店主の弁護士らが作成したパンフによると次の通りだった。

搬入部数　二〇一〇部
押し紙　九九七部

搬入される新聞の約五割が「押し紙」だった。読売がおおやけにしている改廃理由は、店主が部数内訳を虚偽報告していたというものだった。既に述べたように、「押し紙」は独禁法に違反している。それゆえに帳簿上は、「押し紙」が存在しないことにしなければならない。

そこで店主は、実配部数を水増しして記載することで、無駄な残紙が存在しないかのように帳簿を操作していたのである。いわば店主は、読売が独禁法で公取委から摘発されないように配慮したとも言える。改めて言うまでもなく、このような操作は、販売店主らの間では慣行化している。ごく当たり前の処理方法とも言える。

ところが読売はこのような帳簿上の操作を捉えて虚偽報告と言いがかりをつけて、強制改廃したのである。店主は地位保全の裁判を提起したが、平成二三年三月に下された地裁判決では敗訴した。司法は読売の主張に軍配を上げたのである。

しかし、わたしが知る販売店関係者の大半は、この改廃事件を「押し紙」拒否に対する読売の「報復」とみなしている。裁判所が判断を誤ったという声が圧倒的に多い。

司法判断が誤りか否かとは別に、ＹＣ久留米分化センター前の改廃事件は、そのドラスチックなやり方がインターネットで話題になった。

この事件の記事を巡りフリージャーナリストの黒薮哲哉氏に対して読売が起こした裁判（埼玉地裁・東京高裁、読売が敗訴）の判決によると、三人の読売社員が事前連絡もせずにＹＣ久留米分化センター前店へ押しかけていって、店主の前で改廃通告を読み上げ、取引契約を打ち切ったという。その直後に読売ＩＳの社員が翌日に折り込む予定になっていた折込チラシを持ちだした。こうして店主は、あっという間に職を失ったのである。

ただ、このような改廃を残忍とか非道と感じるのは、新聞業界の外部にいる人々であって、わたしのように販売店改廃の実態を熟知

福岡地裁・高裁

する者にとっては、ごくありふれた改廃のひとつに過ぎない。もっと残忍で品性に欠けた改廃があるからだ。

たとえば早朝に担当員が販売店に足を運んで、店舗に積み上げられたばかりの「押し紙」を指さし、

「なんやこれは？　今まで部数を虚偽報告していたのか？　今日限り取引を打ち切る」

と、怒鳴りつける。そしてこの日の夕刊から、新聞の搬入をストップする。

毎日新聞の販売店ではないが、こんな改廃が実際に関西であった。

新聞倫理綱領の精神に照らし合わせたとき、わたしは強制改廃そのものが容認できない行為に思える。新聞人であれば、少なくとも店主と対等な立場で話し合うべきだろう。まして、販売店は記者たちが制作した新聞を配達し、新聞にかかわる人々の生活を支えているのである。販売労働者も仲間という意識があれば、販売店の強制改廃はできないはずだ。

ところが実際は、「切り捨て御免」と言わんばかりに、改廃が断行される。

◇ならず者が店舗を占拠

昔は腕力がある者が販売店へ押しかけていって、有無を言わさずに販売店を改廃し、店主一家を店舗から追い出してしまうケースもあった。読売の社員が久留米文化センター前店の店主に対して改廃を宣告したのは、わたしからすれば、むしろ「紳士的」に感じられる。

わたしが現役だったころ、京阪線沿線のある販売店が改廃された。この店の店主とわたしは親しい間柄だったので、前々から改廃の話が出ていることは知っていた。

「お前みたいなええ奴がなんで首を切られるねん」

理由を尋ねてもはっきりと答えない。後で分かったことであるが、隣接する販売店の店主に経営権を譲渡するのが、新聞社の方針のようだった。それ自体が理不尽なことであるが、販売店の整理・統合は新聞社の判断ひとつで自由に出来るのが実態だ。

そうこうするうちにこの店主から電話がかかってきた。

「店に暴力団員が一〇人ぐらいおるねん」

「そうか、今から行ったるわ」

わたしは友人の販売店に足を運んだ。

確かに店舗の中に品のない数人の男が座りこんで、煙草を吸いながら談笑していた。しかし、暴力団員ではなくて、顔見知りの拡張団員だった。店舗に居座って迷惑行為を繰り返せば、店主一家が速やかに店を明け渡すという計算である。わたしは団長に言った。

「これはなんのまねや」

「いや、社から頼まれたんや」

「何を言うてんねん、変なことをしたら承知せんで！」

「わしもこんなことしとうないが、社から頼まれたからしょうがないんや」

「もう帰らせいや。暴力団みたいなことをするな」

ちなみに拡張団は新聞社の便利屋のような側面がある。たとえば販売店を改廃する前には、新聞社が事前にどの家が自社の新聞の購読者であるかを調べるのだが、その際に拡張員が調査の実働部隊になることが多い。

調査の方法は、大別して二つある。

まず、新聞の配達区域にある住宅をしらみつぶしに訪問して、戸別に購読紙を聞き出す方法である。しかし、その際、見ず知らずの調査員に購読紙を教えてくれるとは限らない。そこで訪問の際は、信頼できる団体、たとえば「日本新聞協会」を名乗って調査するのだ。

もちろん調査の際には、スーツとネクタイを着用するが、普段はスーツを着用しない人々であるから、日本新聞協会の職員を名乗るにしてはどことなく胡散臭い雰囲気が付きまとったりする。

もうひとつの調査方法は露骨で、新聞配達員の後を調査員が尾行して新聞が投函されるポストを見極めて、読者を割り出すものである。配達員の後を尾行するのであるから、品が悪い。

女性の配達員が尾行に気づいて、販売店に逃げ帰ったという話もよくある。また、調査目的というよりも、尾行することで暗黙のうちに改廃をほのめかし、店主に精神的なプレッシャーを与えることをねらう場合もある。

◇尾行された新聞配達員

わたしの知人で毎日新聞・箕面販売所（大阪府）の元所長・杉生守弘さんと配達員らも、嫌がらせ目的の尾行を受けた体験を持つ。尾行したのが拡張団という確証はないが、この種の作業に慣れている組織は他にはないので、その可能性が極めて高い。

発端は杉生さんが、「押し紙」裁判を起こしたことである。提訴の数日後、朝刊の配達時に得体の知れないグループにより露骨に尾行されたのである。

杉生さん自身も新聞を配達していたので、尾行の対象となった。バイクに新聞を積んで販売店を出ると、闇の中から二台のオートバイが現れて、杉生さんの後をつけてきた。

そして杉生さんがポストに新聞を投函するたびに、ひとりの男が表札の名前を大声を張り上げて読み上げ、もうひとりの男がそれを筆記していったという。こんな事が延々と続いた。異様な光景に窓を開けて、様子をうかがう住民もいたらしい。

杉生さんは、自分の店は強制改廃されると覚悟したようだ。尾行は次の日も、その次の日も続いた。

箕面販売所の女性配達員もバイクに尾行された。が、こちらの方は杉生さんのケースとは異なり、本人に気付かれないように注意していたようだが、やがて発覚した。女性がマンションの三階へ新聞を届けて下りてくると、二人の男性が物陰に隠れた。三階のどの家に新聞を投函するかを、道路から見張っていたようだ。女性配達員は二人に近づいて、

「何してますの？」

と、声を張り上げた。二人はその場から逃げ去ったという。

ちなみに、わたし自身について言えば、何度も「押し紙」を断ってきたにもかかわらず、強制改廃されることはなかった。なぜ、改廃されなかったかといえば、発行本社の経営状態が悪く、後任店主のなり手がなかったからだと思う。

一時的な感情に煽られて店主の首を切ったが、次の店主が決まらないとなれば、販売店を発行本社の直営にするか、業務を他系統の販売店に委託せざるを得なくなる。さもなければ販売網が崩壊してしまう。

◇内部抗争

昭和六一年、わたしは西宮市の毎日新聞・販売店の店主・吉田（仮名）さんから、毎日新聞社の「内紛」に端を発したとんでもない提案を受けた。吉田さんは西宮市にある毎日新聞・販売店のリーダー的なひとである。

当時、毎日新聞大阪本社では、販売局の不正経理事件が発覚していた。わたしは詳しい経緯はよく知らないが、毎日労組の『毎日新聞労働組合五十年史』にこれに関する記述があることから察すると、事件があったことは事実のようだ。『五十年史』によると、販売局の幹部が架空請求書により裏金を作り、銀行の裏口座にプールして、使っていたというものである。プールしていた額は、約三億円に達していたという。

この事件は『週刊現代』でも報じられたが、一旦、書店や駅のキオスクに並んだ同誌が回収されるハプニングまで発生したらしい。

なぜ、このような事件が発覚したのか、わたしは当事者ではないので知らないが、当時の販売幹部を失脚させるのが目的ではないかという話を聞いたことがある。事実、標的にされた幹部は毎日新聞社を退職され、その後、教育者として大学に転職された。これは一種の権力抗争の中で起きた事件であった。

吉田さんは、わたしが大阪府北摂地区の有力店主であるところに目を付けてこんな提案をした。

「新聞代金の入金をボイコットするように店主らを仕切ってほしい」

販売収入が入らなければ、販売局の幹部は責任を問われる。

入金のボイコットは、毎日新聞社内のだれかからの要請としか考えられなかった。販売店が新聞の卸代金を入金しなければ、通常であれば、改廃の対象になるからだ。販売店サイドからのボイコットの呼びかけは通常ではあり得ない。

わたしは吉田さんの申し出を断った。販売局で経理の不正があったとしても、入金のボイコットが事件を解決する上でなんの役にもたたないからだ。むしろ社の経営を悪化させる。メディア企業でこのような「内紛」が発生するのはなさけない。ジャーナリズムの中心的な役割は、社会や人間を批評することである。とすれば、新聞社はみずからの襟を正さなければならないはずだ。ところが販売店を巻き込んだ内部抗争が起きているのだ。

しかし、毎日新聞社はいうまでもなく、他の新聞社も日本新聞協会もこの事件を問題視しなかった。販売局の経理がずさんな実態は、毎日新聞社に限ったことではないからだという説もある。事実、一部の中央紙は、後年、繰り返し税の申告漏れを指摘されるようになる。

社内抗争や景品付きの新聞販売、それに「押し紙」を恥じない販売局員、ヤクザと間違われても仕方がない新聞拡張団員、それに発行本社の経理問題など、日本の新聞業界は、そのあり方に大きな問題を孕んでいる。

このような実態を前に、身も蓋もない言い方をすれば、日本の新聞社は新聞倫理綱領が謳っている理想からは程遠く、ジャーナリズム以前の問題がある。異常事態を招いた背景に、ジャーナリズムをビジネスに変質させた部数至上主義があることは論をまたない。

第7章　裁判所の政治的判断

◇「不公正な取引方法」

本書の冒頭で述べたように、わたしは平成一九年六月末で、それまで経営していた毎日新聞・蛍ヶ池販売所と豊中販売所を廃業した。それから一年を経た平成二〇年六月、毎日新聞社と当時の販売局長を相手どって「押し紙」裁判を起こした。損害賠償請求の対象にしたのは平成一五年から一九年までの五年間に負担させられた「押し紙」で生じた損害である。「押し紙」率は、月によっては約七割にも達していた。

そこで既に支払った新聞の卸代金の一部を返済するように求めたのである。

ただし「押し紙」を負担するのと引き換えに、毎日新聞社が補助金を支給していたので、これについては「押し紙」による損害額から差し引いた。

それにもかかわらず損害額は約二億一二〇〇万円にも達した。このうち訴状で実際に請求した額は一億円である。

わたしが提訴の法的根拠としたのは、独禁法の一九条「不公正な取引方法」である。独禁法の番人である公正取引委員会は一九条を具体化するために「新聞業における特定の不公平な取引方法」を定めている。それは次のような内容だ。

1、日刊新聞（以下「新聞」という。）の発行を業とする者（以下「発行業者」という。）が、直接であると間接であるとを問わず、地域又は相手方により、異なる定価を付し、又は定価を割り引いて新聞を販売すること。ただし、学校教育教材用であること、大量一括購読者向けであることその他正当かつ合理的な理由をもってするこれらの行為については、この限りでない。

２、新聞を戸別配達の方法により販売することを業とする者（以下「販売業者」という。）が、直接であると間接であるとを問わず、地域又は相手方により、定価を割り引いて新聞を販売すること。

３、発行業者が、販売業者に対し、正当かつ合理的な理由がないのに、次の各号のいずれかに該当する行為をすることにより、販売業者に不利益を与えること。

一、販売業者が注文した部数を超えて新聞を供給すること（販売業者からの減紙の申出に応じない方法による場合を含む。）。

二、販売業者に自己の指示する部数を注文させ、当該部数の新聞を供給すること。

このうちわたしのケースに該当するのは、「３の一」である。わたしは毎日新聞社の販売幹部に対して繰り返し搬入部数を減らすように申し入れてきたが、彼らがそれに従ったことは一度もない。さらに毎日新聞社は「３の二」にも抵触していた。つまり新聞の増紙目標部数を販売店に提示して、それに準じた部数を搬入していたのである。

従って本来であれば、公正取引委員会がこのような商取引を摘発しなければならないが、野放し状態にしているので、裁判に踏み切ったのである。とはいえ、わたしは日本の司法制度に全面的な信頼を寄せているわけではなかった。

裁判所は司法記者クラブなどを通じて新聞社と親密な関係を持っているので、あまり信用していなかった。従って裁判の目的は、勝敗よりも、新聞販売問題を広く社会に訴えることだった。

◇わたしの提訴と毎日の「反訴」

「押し紙」裁判になると新聞社が常套手段として持ち出してくる論理のひとつに、販売店が実配部数を水増しして報告（虚偽報告）するために、新聞社は販売店に残紙があることすらも認識していなかったという言い訳がある。残紙がないということは、搬入した新聞がすべて配達されていることを意味する。従って販売店が残紙（「押し紙」）で苦しんでいるという認識もなかったというのが新聞社の論法である。

しかし、みずからが産出している商品の流通状態を正確に把握していない企業など実際に存在するだろうか。たとえばトヨタ自動社が全国の実売台数を把握していないことなどまずあり得ない。

ところが新聞の商取引に関しては、実配部数を新聞社が把握していないといった机上の論理が立派に通用しているのだ。しかも、驚くべきことに司法もそれを認める傾向にある。

新聞社はわれわれ店主が販売店に常備している帳簿類の閲覧権を持っているので、実配部数を簡単に把握することができる。従ってもし本当に実配部数を把握していないとすれば、それは怠慢以外のなにものでもない。こんな常識的なことも、裁判所はなかなか理解しない。

また、「押し紙」回収という一大産業が、古紙回収とは別に成立している事実ひとつを見ても、日本中に「押し紙」があふれていることが推測できるが、裁判所は「押し紙」の存在を認めない。「押し紙」裁判で「押し紙」の存在を示す写真が提出されても、証拠として採用しない。

トラックに積み込まれた「押し紙」

しかし、わたしが提起した訴訟では、このような実態を説明をするまでもなく、残紙があることを知らなかったという詭弁はまったく通じない。というのも、第1章ですでに述べたように、販売店の帳簿類を管理していたのが、毎日新聞社の子会社である毎日新聞大阪開発であったからだ。その関係で部数内訳が、実配部数も含めてコンピュータに入力・管理されている。

ちなみに被告の販売局長は、毎日新聞大阪情報開発の取締役である。従って蛍ヶ池販売所と豊中販売所の部数内訳を把握していなかったという言い訳は通じない。販売局長みずからがアクセス権を有する毎日新聞大阪開発のコンピュータに、蛍ヶ池販売所と豊中販売所における残紙の実態が記録されているからだ。

わたしが提訴したことに対して、毎日新聞社も新たな動きを起こした。新聞代金の未払い金などの支払いを求めて、逆にわたしを提訴したのである。いわゆる「反訴」である。毎日がわたしに請求してきた額は、新聞の卸代金の未払い分のうち約一二〇〇万円だった。

毎日新聞社が毎朝搬入していた新聞の約七割は「押し紙」であったが、毎日は「押し紙」は存在しないという前提で、新聞の卸代金の未払い分を請求してきたのである。一種の開き直りである。

確かにわたしは新聞の卸代金を完納しなかったこともある。たとえば平成一五年の九月から一二月にかけて、販売担当者に対して減紙に応じないのであれば、支払いにも応じない旨を伝え、実際、毎月三〇〇万円の支払いを拒否した。それでも毎日新聞社は減紙に応じなかった。

その後も、「押し紙」による赤字が増えていくため、わたしは繰り返し新聞の搬入部数を減らすように求めた。支払いを拒否したこともある。こうして累積した「押し紙」代金の一部支払いを、毎日新聞社は反訴というかたちで請求してきたのである。反訴は自分たちは、「押し紙」をしていないという主張の表明らしい。

反訴にはわたしもさすがに驚いた。図々しいとしか言いようがなかった。

◇続発する「押し紙」裁判

わたしが毎日新聞社を提訴したことで、毎日新聞社は二件の「押し紙」裁判をかかえることになった。既に述べたように、箕面販売所の店主・杉生守弘さんも「押し紙」問題で毎日新聞社を提訴していた。裁判が始まったのは平成一九年。杉生さんが請求していた額は、約六三〇〇万円だった。

杉生さんは多量の「押し紙」を負担させられていた。たとえば平成一三年の一月の部数内訳は次のようになっている。

搬入部数：一八〇〇部
実配部数：九一八部

搬入される新聞の約半分が「押し紙」になっていた。杉生さんは、販売店を改廃されることを覚悟の上で、毎日新聞社に対して内容証明郵便で新聞の搬入部数を減らすように繰り返し申し入れた。しかし、聞き入れてもらえなかった。

そこで平成一八年六月、大阪簡易裁判所に損害賠償を求める調整を申し立てた。が、調停は物別れに終わる。やむなく杉生さんは、本訴に踏み切ったのである。

それにもかかわらず強制改廃されなかったのは、恐らく杉生さんの首を切っても、後任者がいないからではないかと思う。

杉生さんは、販売店の運転資金を調達するために、自宅マンションを売却したこともあった。それでも経営が好転せず、自主廃業を申し出たこともあるという。ところが毎日新聞社は、

「箕面の灯は消せない」

と言って、杉生さんに店主を続けるように説得したらしい。

ちなみに杉生さんの店の開業当時の実配部数は、八三二部だったという。しかし、三年後には約一九〇〇部まで部数を増やす。

部数を大幅に延ばした要因は、箕面市の人口増に加えて、景品を使って新聞拡販を行ったことである。それが新聞社のオーソドックスな販売政略だった。

ところが景品付きの新聞販売が強い世論の批判を受けるようになった。さらに毎日新聞社の場合は、経営が苦しかった事情があったのか、景品の使用を自粛する販売政策へと転換した。これが裏目に出て、杉生さんの販売店では実配部数が激減し、逆に「押し紙」が増えたのである。

杉生さんが法廷で尋問を受ける日、わたしは大阪地裁へ足を運んだ。この日は、毎日新聞社の販売担当も証人として出廷した。法廷に立った販売担当の背中を傍聴席から見ているうちに、

わたしは怒りがこみ上げてきて、思わず大声でヤジを飛ばしてしまった。

「こいつ嘘ばっかり言いよるで！」

その瞬間、裁判長から、

「法廷外からの発言は許さない！」

と、一喝された。

杉生さんの「押し紙」裁判は、和解で終結した。和解の内容は、原告と被告の取り決めで公開されていないが、杉生さんの和解勝訴だと推定される。

尋問の後、原告と被告の双方が裁判長から和解の勧告を受けたことを、わたしは杉生さんの弁護士から聞いた。その時に提示された賠償額が一五〇〇万円だったというから、和解もほぼそれに準じたものになっている可能性が高い。

繰り返しになるが杉生さんが和解勝訴したのは、内容証明郵便で「押し紙」を断っていたからである。例外的なケースといえる。

さらに平成二二年四月には、毎日新聞東京本社の管内でも「押し紙」裁判が起きた。

毎日新聞東京本社

提訴したのは毎日新聞・関町販売所（東京都）の元店主・石橋護さんである。石橋さんとは、「押し紙」問題を取材していたフリーライターを通じて知り合いになった。電話で何度か話すうちに、毎日新聞社の「押し紙」の実態は、東京本社管内も大阪本社管内も、ほとんど変わらないことを知った。

石橋さんは平成五年五月に約七六〇〇万円で営業権を譲り受けて、関町販売所の経営に乗り出した。それ以前は、朝日新聞販売店の店主を務めた後、友人と共同で会社を経営していた。会社経営が不振に陥ったのを機に、かつての新聞販売業に戻って再起をかけたのである。

「押し紙」は前任者から経営を引き継いだ時点ですでにあったという。「押し紙」率は、時期によって異なるが、廃業前には搬入部数の四割程度になっていた。しかし、「押し紙」を断ると販売局の担当員との関係を悪化させかねないので、黙って受け入れていた。

石橋さんが我慢の限界に達したのは、平成二〇年の秋だった。インターネットなどの影響で新聞の購読者が減っても、搬入される新聞の部数がほとんど同じであるから、必然的に「押し紙」が増えていく。しかも、補助金もかつてに比べて減っていた。

石橋さんは、とうとう「押し紙」を受け入れない方針を毎日新聞社に伝えた。

毎日新聞社は石橋さんの申し立てを承諾した。実際、一一月から「押し紙」の搬入を廃止した。ところがそれに伴って、補助金を大幅にカットしてきたのだ。

一〇月には、一四一万円支給されていた補助金が、一一月には六六万円、さらに一二月には二七万円に激減した。これにより「押し紙」が排除されても、販売店の経営が成り立たなくなってしまったのである。

石橋さんは新聞の卸代金の未払い金を累積させた。これに対して毎日新聞社は弁済案を提出するように求めてきた。さらにそれが出来ないのであれば、石橋さんとの商契約を解約すると予告してきたのである。

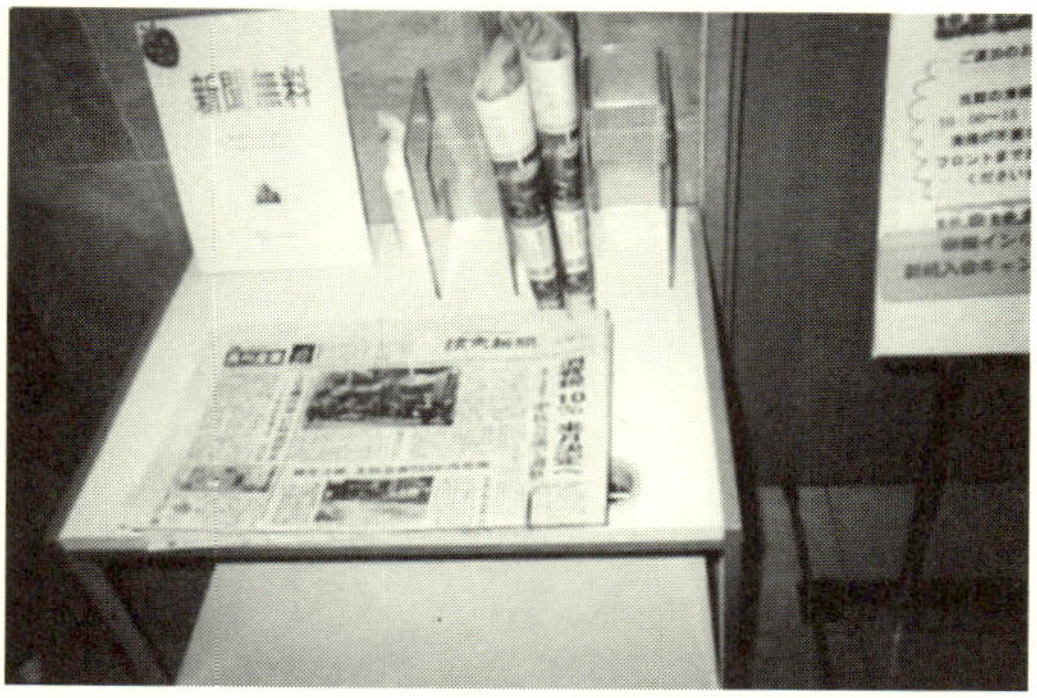

一部のホテルやコンビニでは、新聞が無料で配布されている

窮地に追い込まれた石橋さんは、東京地裁へ地位保全の仮処分命令を申し立てた。正義を命とする裁判所が救済してくれることを信じていた。

しかし、「押し紙」があったとはいえ、新聞の卸代金が未納になっていた事実は、石橋さんに不利に作用した。判決の軍配は毎日新聞社に上がり、石橋さんは廃業に追い込まれたのである。平成二一年八月八日のことだった。

その後、石橋さんは「押し紙」で被った損害の賠償を求めて、東京地裁に「押し紙」裁判を起こした。仮処分命令の申し立てで敗訴したこともあって、裁判所に強い不信感を抱いていたが、裁判以外に毎日新聞社を告発する窓口がなかった。

こんなふうに毎日の店主たちは、日本の司法制度に不信感を抱きながらも、「押し紙」問題を、次々と法廷へ持ち込むようになったのである。

◇司法に対する不信感

石橋さんの裁判は、現在も東京地裁で進行しているが、わたしの裁判は平成二三年に、和解という形で終結した。和解勝訴、あるいは和解敗訴で決着が付いたわけではない。双方が金銭の請求を放棄する形で終結したのだ。

わたしが和解を選択したのは、妻が体調を崩して入院したために、裁判どころではなくなってしまったからだ。妻はもともと病床にありがちだったが、平成二二年の秋に体調が悪化して入院した。

妻とは幼なじみだった。われわれが結婚したのは、二三歳の時だった。まだ戦後の動乱期で、わたしが新聞業界に入る前の時代である。以来、約六〇年もの歳月を共に歩んできたのである。

妻が陰でわたしを支えてくれたからこそ、「押し紙」を抱えながらも、新聞販売店を経営してこられたのである。既に述べたように、妻は不動産業から得る収入を、販売店経営に注ぎ込んでくれた。「押し紙」で発生する赤字を補填してくれていたのである。

もちろん資金援助だけではなく、販売店主の妻として、人手が不足していた時は、新聞拡販や集金も手伝ってくれた。わたしが蛍ヶ池販売所の店主になったころは、新聞少年をたくさん使っていたので、どうしても新聞拡販や集金の業務を担当する者が不足していた。そんな時、妻が助力してくれたのである。

その妻が体調を崩して入院したとなれば、裁判よりも介護を優先するのが当たり前だった。裁判を続けたい思いはあったが、わたしも八〇歳を超えた高齢で、病院と自宅を往復しているうちに、くたくたになってしまった。そこで裁判にはけりをつけて、妻の看病に専念することにしたのだ。

平成二三年二月二〇日、妻は自宅で息を引き取った。家族だけの密葬を済ますと、わたしにも徐々に平穏な日常が戻ってきた。

それにともないわたしは「新聞屋」として生きた五〇年を回想することが多くなった。毎日新聞を普及する仕事に誇りを持っていた若き時代。多量の紙資源を無駄に破棄せざるを得なかった晩年の苦しみ。考えれば考えるほど、新聞社とは、何かが分からなくなった。それは断じて弱者の声を地道に発掘して、社会正義を貫く人々の集まりではない。公正な社会の実現を願う人々の集まりでもない。

わたしは言うまでなく、杉生さんも石橋さんも賠償金が目当てで「押し紙」裁判を起こしたわけではなかった。新聞社がわれわれ販売店主を人間として扱わなかったことが許せないから、裁判を起こしたのである。

かつて現役だったころ、わたしは「押し紙」を断っても断っても搬入部数を減らそうとはしない担当員に対して、裁判の提起をほのめかしたことがある。その時、担当員が笑いながら発した横柄な言葉は、今でも脳裏に焼き付いている。

「裁判所が新聞社を裁けるはずがない。あんたら販売店主が裁判をやっても絶対に勝てないですよ。裁判所が勝たせるはずがない」

担当員の言葉は、ある意味では的を射ている。

ある著名な弁護士が、裁判所はどのような判決を出せば良好な人間関係や社会秩序が回復するかを考慮して判決を出す傾向がある、と話していたことがある。そこには当然、政治的な判断が入ってくるというのだ。だから必ずしも正義が勝つとは限らない。

かりに司法の場でこのような原理が本当に働いているとすれば、販売店訴訟の判決では、常に政治的判断が行われている可能性が否定できない。多量の「押し紙」があることは、周知の事実になっているが、だからといって裁判所が厳しく「押し紙」問題にメスを入れたならば、たちどころに新聞社は崩壊する。その結果、新聞記者が失業して、新聞はもとよりインターネット上のニュースも配信できなくなり、社会生活に大混乱が生じる。

こうした状況が到来するのであれば、新聞社の販売政策に大きな問題があっても、裁判所は販売店を勝訴させるわけにはいかない。

しかし、だからと言って、われわれ販売店主が「押し紙」の負担を引き受けなくてはならない道理はない。杉生さんにしても、石橋さんにしても、「押し紙」が原因で生活が破綻する直前にまで追い込まれたのである。

その時に襲われた恐怖は計り知れないものだったに違いない。彼らは苦境に負けずに裁判に立ちあがったが、過去にはわたしが若い時代にお世話になった北摂毎日社の社長のように、すべてを失って自殺した店主もいるのだ。

このような悲劇を生みだしている販売政策の責任を問う裁判で、かりに政治的に配慮した判決しか下せないのであれば、日本の司法に正義はない。

高屋　肇（たかや　はじめ）
大正13年、大阪市に生まれる。昭和29年から平成19年まで毎日新聞の販売に携わった。店主歴は約50年。大阪府北部毎日会会長・相談役、日販協近畿地区本部専務理事などを歴任した。役職経験のある販売店主で組織する毎日懇話会の名誉会員だったが、「押し紙」裁判を起こしたのを機に辞退した。

闇の新聞裏面史——販売店主が見てきた乱売と「押し紙」の50年
2011年11月25日　初版第1刷発行

著者 ——高屋　肇
発行者 —平田　勝
発行 ——花伝社
発売 ——共栄書房
〒101-0065　東京都千代田区西神田2-5-11 出版輸送ビル2F
電話　03-3263-3813
FAX　03-3239-8272
E-mail　kadensha@muf.biglobe.ne.jp
URL　http://kadensha.net
振替　00140-6-59661
装幀 ——黒瀬章夫
印刷・製本—シナノ印刷株式会社

ISBN978-4-7634-0619-4 C0036

資料編

２００８年６月１２日

訴　　　状

大阪地方裁判所　御中

原告訴訟代理人
弁護士　位　田　　　浩

同　　　村　川　昌　弘

当事者の表示　　後記当事者目録のとおり
請求の趣旨・原因　後記のとおり

損害賠償請求事件

証 拠 方 法

本日付証拠説明書のとおり

添 付 資 料

1	甲号証写し	各1通
1	現在事項全部証明書	1通
1	委任状	1通

当　事　者　目　録

〒５７２－００１６

大阪府寝屋川市国松町１２－１８

原　　　告　高　屋　　　　肇

〒５３０－００４７

大阪市北区西天満４丁目３番４号

御影ビル６階　　位田浩法律事務所（送達場所）

原告訴訟代理人

弁　護　士　　位　　田　　　　浩

（電　話）０６－６３６６－７０７７

（ＦＡＸ）０６－６３６６－７０７６

〒５３０－００４７

大阪市北区西天満１丁目１０番８号

西天満第１１松屋ビル２０５号　舩冨法律事務所

原告訴訟代理人

弁　護　士　　村　　川　　昌　　弘

（電　話）０６－６３１１－０２５９

（ＦＡＸ）０６－６３１１－０２６９

〒１００－０００３

東京都千代田区一ツ橋１丁目１番１号

被　　　告　　株式会社毎日新聞社

代表者代表取締役　　北　　村　　正　　任

（送達場所）

〒５３０－０００１

大阪市北区梅田３丁目４番５号

株式会社毎日新聞社大阪支店

2

〒５３０－０００１

大阪市北区梅田３丁目４番５号

株式会社毎日新聞社大阪支店内

被　　告　上　田　　　薫

請　求　の　趣　旨

1　被告らは原告に対し、各自金１００，０００，０００円及びこれに対する本訴状送達の日の翌日から支払済みまで年５分の割合による金員を支払え。

2　訴訟費用は被告らの負担とする。

との判決並びに仮執行宣言を求める。

請　求　の　原　因

（はじめに）

本件は、押し紙裁判である。

「押し紙」とは、大資本である新聞社が圧倒的劣位にある新聞販売店に対し、実際には購読者がいない新聞を押しつけて、これに相当する新聞原価を支払わせることをいう。このような押し紙は、以前から新聞販売店に損害を与えるものとして独占禁止法で禁止され、違法とされていたにもかかわらず、今なお隠然として行われているものである。

本件は、新聞社がその圧倒的な優位性を利用して新聞販売店に押しつけてきた押し紙による損害について、その回復を求めるものである。

第1　当事者

1　被告株式会社毎日新聞社（以下「被告毎日新聞社」という）は、全国紙である毎日新聞などを発行・販売する株式会社である。

毎日新聞の創刊は１８７２（明治5）年2月２１日、被告の資本金は４１億５０００万円、従業員数は約３２００人である。被告毎日新聞社は、東京、大阪、西部、中部、北海道に本支社を置くほか、総・支局数１００、通信部・駐在数２６７、海外機関数２６の通信網並びに印刷拠点として１４工場を有している。

被告上田薫は、被告毎日新聞社の大阪本社販売局長である。

2　原告は、大阪府豊中市において、「毎日新聞蛍ヶ池販売所」及び「毎日新聞豊中販売所」の各屋号で、被告毎日新聞社の指定する区域で毎日新聞等の販売を業としてきた個人である。

4

第２　原被告間の新聞販売委託契約

１　原告は、１９６０（昭和３５）年８月、被告毎日新聞社との間で新聞販売委託契約を締結し、株式会社豊中毎日会が経営していた新聞販売店を引き継ぎ、「毎日新聞蛍ヶ池販売所」という屋号で営業を開始した。被告毎日新聞社が原告に対し指定した販売区域は、おおむね豊中市蛍池北町、蛍池東町、蛍池中町、蛍池西町、蛍池南町、箕輪、刀根山、刀根山元町、千里園、池田市空港等であった。

その後、原告は、１９７３（昭和４８）年７月、今西昭二が経営していた新聞販売店を引き継ぎ、「毎日新聞豊中販売所」という屋号で営業を開始した。被告毎日新聞社が原告に対し指定した販売区域は、おおむね豊中市本町、玉井町、立花町、岡上の町、北桜塚、上野西等であった。

２　原告は、被告毎日新聞社から送られてくる新聞のうち実際に購読者に販売する部数（以下「購読部数」または「実売部数」という）に相当する新聞代金（以下「購読代金」という）を購読者から収受する一方、被告毎日新聞社に対しては同被告から送られてくる部数（以下「送り部数」という）に相当する新聞仕入代金（以下「新聞原価」という）を支払うことになる。

後に詳述するとおり、被告毎日新聞社は、原告に対して実際の購読部数を大幅に超過した部数を送りつけたうえ、販売されない新聞を引き取らないどころか、その新聞原価を原告に負担させてきた。原告は、購読代金を収受できない押し紙の新聞原価を被告毎日新聞社に支払わなければならなくなり、毎月大きな赤字を負うことになった。

３　他方で、被告毎日新聞社は「補助奨励金」と称する金員を原告に支給し、新聞原価から控除する。補助奨励金は、押し紙による新聞販売店の赤字の一部を補填するものとなるが、この補助奨励金の金額は被告毎日新聞社の裁量により決められる。こうした補助奨励金は一般に、新聞販売店に押し紙を押しつける際の手段となっている。

第３　押し紙の発生

１　原告は、蛍ヶ池販売所の営業を引き継いで以降、営業活動により購読部数を

増やしたが、同時に被告毎日新聞社からの送り部数も原告の意思とは関係なく増やされ、購読部数を大幅に超えた新聞紙が送られてくるようになった。その後、実際の購読部数は徐々に減少していったが、送り部数は減らされることがなく、反対に増やされることもあった。

豊中販売所においても同様であり、原告が営業を引き継いで以降、実際の購読部数はあまり増えることもないまま推移していたにもかかわらず、被告毎日新聞社からの送り部数は増やされ、購読部数を大幅に超えた新聞が送られていた。

このように押し紙が増えていき、原告の経営を圧迫したため、原告は、被告毎日新聞社の販売担当者が販売店に来るたびに送り部数を減らすよう要求した。しかし、被告毎日新聞社は原告の要求を拒み、押し紙を送り続けた。

2　このようにして、２００３（平成１５）年には、実際の購読部数が蛍ヶ池販売所で８００部を下回るくらいにまで落ち込み、豊中販売所では５００部を下回るほど減少していたにもかかわらず、被告毎日新聞社からの送り部数は、豊中販売所では１７５０部、蛍ヶ池販売所では２２８０部にのぼり、膨大な押し紙が生じていた（甲１１の１頁・３頁、甲１の１、甲６の１）。

3　原告は、被告毎日新聞社の販売担当責任者であった被告上田に対し、送り部数を減らすよう繰り返し要求した。とくに、被告毎日新聞社が開催する毎日新聞懇話会総会などで被告上田と顔を合わすたび、被告上田に減紙を求めた。しかし、被告上田は、新聞原価を全額支払うことができないのであればその分を未払額として残しておけばよいなどとして、これに応じなかった。

4　原告は、２００３（平成１５）年９月から１２月にかけて、販売担当者に対し、減紙に応じないのであれば押し紙の新聞原価を支払うことはできないと述べて、故意に３００万円ずつ支払をしなかった。それでも、被告毎日新聞社は全く減紙に応じなかった（甲１の９〜１２）。

その後も、押し紙による赤字が増えていくため、原告は、減紙を求めるとともに、押し紙の新聞原価の一部につき支払をしなかったりした。

5　これ以上経営を続けることはできないと考えた原告は、２００７（平成１９）年６月２０日、同年７月１日をもって各販売所の営業を被告毎日新聞社に譲渡した。

6

譲渡時点における被告毎日新聞社からの送り部数は、蛍ケ池販売所が２３２０部、豊中販売所が１７８０部であった（甲５の６、甲１０の６）。これに対し、実売部数は、蛍ケ池販売所が７０４部、豊中販売所が４５４部にすぎなかった（甲１５の１頁・３頁）。被告毎日新聞社は、後述のとおり、送り部数に比して実売部数が極端に少ないことを知っていた。

6　２００３（平成１５）年１月から２００７（平成１９）年６月までの原告の蛍ケ池販売所及び豊中販売所における各送り部数、実売部数（購読部数）、注文部数（実売部数に２％の予備紙を加えた数。後述第４の１（２）参照）は、別紙の各部数一覧表のA、B、C欄記載のとおりである。

各部数一覧表の「送り部数」（A）から「注文部数」（C）を控除した数が押し紙部数（D）となる。

第４　押し紙の違法性

1　新聞業における法的規制―押し紙の禁止

（１）新聞販売店は新聞社の圧倒的な支配下にある。

新聞販売店は小資本の個人商店が多く、新聞社と比べると、その経済力や資本力において雲泥の違いがある。新聞販売店が扱う商品は新聞社から供給される新聞であり、新聞販売店は新聞社から新聞が供給されなければ事業が成り立たない。新聞を販売する区域についても新聞社により指定され、その区域外で販売することもできない。

このように、新聞社は新聞販売店に対し、取引関係上圧倒的に優越的な地位にあるのである。そして、新聞社間の激しい販売競争を反映して、新聞社は新聞販売店に対し、本件の押し紙のような不当な不利益を強いることになる（甲１６、甲１７）。

（２）そこで、従来から、新聞社による新聞販売店に対する押し紙は、私的独占の禁止及び公正取引の確保に関する法律（独占禁止法）により、不公正な取引方法にあたるとして規制されてきた（甲１６、甲１７）。

ア　独占禁止法２条９項５号は「自己の取引上の地位を不当に利用して相手方と取引する」行為で「公正な競争を阻害するおそれがあるもののうち、公正取引委員会が指定するもの」を「不公正な取引方法」と定義し、同法

１９条は「不公正な取引方法」を禁止している。

イ　公正取引委員会は、上記条項に基づいて「新聞業における特定の不公正な取引方法」として次の行為を指定し、これを禁止した（昭和３９年１０月９日公正取引委員会告示１４号）。

「一　日刊新聞（以下「新聞」という）の発行又は販売を業とする者が、直接であると間接であるとを問わず、地域又は相手方により、異なる定価を付し、又は定価を割引すること

二　新聞の発行を業とする者が、新聞の販売を業とする者に対し、その注文部数をこえて、新聞を供給すること」（傍点は代理人。以下同じ）

上記の第二項は、新聞社が販売店の注文部数をこえて一方的に新聞を送りつけること（押し紙）を禁止するものである。

ここにいう「注文部数」とは、その販売店の現実の販売部数に一定の予備紙を加えたものであり（公取委解釈基準昭和３９年６月５日）、予備紙は実売部数の２％と定められている。公正取引委員会は、北國新聞社に関する件において、「注文部数」を「新聞業においては、新聞販売店が実際に販売している部数に正常な商慣習に照らして適当と認められる予備紙等を加えた部数」と解している（平成９年（勧）第２６号。甲２０）。

また、「注文部数をこえて供給する」ことには、販売店の減紙の申込に応じない場合も含まれると解されてきた。

（３）公正取引委員会は、１９９９（平成１１）年７月２１日、上記告示を次のとおり改正した（公正取引委員会告示９号）（甲１８、甲１９）。

「１　日刊新聞（以下、「新聞」という。）の発行を業とする者（以下、「発行業者」という。）が、直接であると間接であるとを問わず、地域または相手方により、異なる定価を付し、または定価を割り引いて新聞を販売すること。ただし、学校教育教材であること、大量一括購読者向けであることその他正当かつ合理的な理由をもってするこれらの行為については、この限りではない。

２　新聞を個別配達の方法により販売することを業とする者（以下、「販売業者」という。）が、直接であると間接であるとを問わず、地域または相手方により、定価を割り引いて新聞を販売すること。

3　発行業者が、販売業者に対し、正当かつ合理的な理由がないのに、次の各号のいずれかに該当する行為をすることにより、販売業者に不利益を与えること。

一　販売業者が注文した部数を超えて新聞を供給すること（販売業者からの減紙の申出に応じない方法による場合を含む）。

二　販売業者に自己の指示する部数を注文させ、当該部数の新聞を供給すること。」

従前の告示では「新聞の発行を業とする者が、新聞の販売を業とする者に対し、その注文部数をこえて、新聞を供給すること」としか定めていなかった「押し紙」に関する規定が上記のとおり改正されたのである。

まず、第３項の第一号では、販売店の減紙の申込に応じない場合も含まれることが明示された。次に、第二号が追加されたのは、新聞発行業者と販売業者との取引上の優劣関係から、販売業者の「注文部数」には新聞社の圧力が反映することがあることを考慮されたことによる。さらに、柱書きの「正当かつ合理的な理由」とは、予備紙を指すと解されている（甲１８）。

（４）請求書の注意書き

このような押し紙の規制を少しでも実効化するために、新聞業界では、新聞社が新聞販売店に送付する新聞原価の請求書に以下のような注意書きをするようになった。

「新聞部数を注文する際は、購読部数に予備紙等と加えたものを超えないでください。当社は、注文部数を超えて新聞を供給いたしません。」

本件においても、被告毎日新聞社の原告に対する毎月の請求書には、同様の記載がある。しかし、その注意書きは、非常に小さいポイントで記載されている（甲１の１ほか）。

（５）押し紙の違法性

以上のとおり、独占禁止法は、新聞社が新聞販売店に対して注文部数を超えて新聞を供給すること（押し紙）について、優越的地位を利用した「不公正な取引方法」にあたり、新聞販売店に対して不当な不利益を与えるものとして、これを禁止している。

したがって、押し紙が独占禁止法に違反する違法行為であることは明らか

である。

2　本件の場合

（1）上記第3で述べたとおり、被告毎日新聞社は、原告に対し、相当以前から押し紙を行ってきた。これに対し、原告は、押し紙の新聞原価を被告毎日新聞社に支払わなければ強制的に契約が解除される（強制改廃と呼ばれる）おそれもあるため、やむなくこれを支払ってきた。

しかし、毎月大量の押し紙による損害が日々拡大していたため、このままでは販売店の経営が維持できないと考えた原告は、被告上田や被告毎日新聞社に対して減紙の要求を続けてきた。それにもかかわらず、被告毎日新聞社は、原告の減紙要求をことごとく無視ないし拒否した。

（2）被告毎日新聞社の子会社である毎日新聞大阪開発株式会社（以下、「毎日新聞大阪開発」という）は、毎日新聞の販売促進、販売店の経営指導を行うことを目的とする会社である。毎日新聞大阪開発は、販売店の経営指導、税務申告補助の目的で、販売店の保有する帳簿類を点検し、実際の購読部数等をコンピューターに入力・管理するという業務を行っていたところ、原告の各販売所についても実際の購読部数等を管理していた（甲１１～甲１５）。被告上田は同社の取締役でもある。

（3）被告上田及び被告毎日新聞社は、原告からの申告や毎日新聞大阪開発の有するデータにより、原告への送り部数が注文部数をはるかに超えていることを知りながら、これを供給し続け、購読者のいない新聞原価を原告に支払わたのである。したがって、本件押し紙が違法であることは明らかである。

第5　被告らの責任原因━債務不履行または不法行為

被告毎日新聞社及び被告上田は、長年にわたり原告に対して違法な押し紙を続けてきたものであり、以下に述べるとおり、被告毎日新聞社は債務不履行及び不法行為に基づき、被告上田は不法行為に基づいて、原告がこうむった損害を賠償する責任がある。

1　債務不履行責任

（1）一般に、新聞販売店の店主は小資本で店舗経営の知識・経験の乏しい者がなる場合が多い一方で、新聞社は販売店に対し経営を指導し、新聞社の指定

10

する販売区域において自社の指示する新聞等を販売・配達させている。

また、新聞社は、購読者数の拡大のために、他のライバル紙の販売店の動向をチェックし、新聞販売店に対して拡張団の受け入れを強要したり、無代紙の配達や景品の配付等を指示したりしている。

これに対し、圧倒的劣位にある新聞販売店は、新聞社から強制改廃を受けるおそれがあることから、常に新聞社からの指示や送り部数を受け容れざるを得ない状況にある。その結果、新聞販売店は購読者のいない押し紙の新聞原価を新聞社に対して負担しなくてはならないという損害をこうむることになるのである。

そのような新聞社と新聞販売店との圧倒的な優劣関係から新聞販売店のこうむる不利益を防止するため、独占禁止法が「新聞業における特定の不公正な取引方法」として押し紙を禁止していること、新聞社の新聞販売店に対する請求書には毎月「新聞部数を注文する際は、購読部数に予備紙等を加えたものを超えないでください。当社は、注文部数を超えて新聞を供給致しません」と記載されていることなどからすれば、新聞社たる被告毎日新聞社は新聞販売店たる原告に対し、本件新聞販売委託契約に付随して、その注文部数（実売部数に２％の予備紙を加えた部数）を超えて新聞を供給してはならない義務があるというべきである。

（２）これを本件についてみると、既に述べたとおり、２００３（平成１５）年１月からは、購読部数が豊中販売所において５００部を割り込み、蛍ヶ池販売所においても８００部を下回ろうとする状態であって、押し紙による多額の損失が生じていたところ、被告毎日新聞社は、原告からの申告等によりかかる状態を認識していたのであるから、送り部数をただちに実際の購読部数に２％の予備紙を加えた注文部数にすべき義務があった。

しかしながら、被告毎日新聞社は、送り部数を減少させるどころか、かえって増やすような対応を行うなどして、押し紙を続けたのである。

以上のような被告毎日新聞社の行為は、上記義務に違反したものといわざるをえず、その結果、原告は違法な押し紙の新聞原価の支払を強いられ、後記第７のような損害をこうむった。したがって、被告毎日新聞社は原告のこうむった後記第７の損害を賠償する責任がある。

2　不法行為責任

被告毎日新聞社及び被告上田が原告に対し長期間にわたって原告の再三の減紙要求を無視して押し紙を継続してきたことは、原告に対する共同不法行為となる。

したがって、被告らは、原告に対し、不法行為責任に基づき、押し紙によって原告が被った後記第7の損害を賠償する責任がある。

第6　不当利得返還請求について

被告毎日新聞社による押し紙は、原告の注文に基づかない商品（新聞）を被告毎日新聞社が一方的に送りつけたものであり、原告と被告毎日新聞社との間の新聞販売取引契約の対象となっていない。また、仮に新聞販売取引契約の対象となっていたとしても、押し紙が独占禁止法に違反するものであることはすでに述べたとおりであるから、押し紙の部分については公序良俗に反し無効である。

したがって、原告は被告毎日新聞社に対し、注文部数を超えた送り部数（押し紙）については新聞原価の支払義務を負わないというべきである。被告毎日新聞社は、法律上の根拠なく押し紙に対応する新聞原価相当額の利得を得る一方で、原告は同額の損失を被った。

よって、後記第7のとおり原告の被った損失について、被告毎日新聞社は不当に得た利得分を返還しなければならない。

第7　原告の損害（損失）

1　押し紙による損害（損失）

原告の損害（損失）は、押し紙の新聞原価である。ただし、被告毎日新聞社から補助奨励金や経営補助が支給されていたことから、これらを損害（損失）額から控除することにした。

別紙の損害額一覧表の「請求金額」（a）は、被告毎日新聞社からの「送り部数」（A）に対応する金額であり、原告が被告毎日新聞社に支払ってきた新聞原価である。

同一覧表の「相当金額」（b）は、原告の「注文部数」（C）に相当する新聞

12

原価であり、押し紙がない場合に原告が支払えば良かった金額である。

同一覧表の「損害（損失）」（d）は、「請求金額」（a）から「相当金額」（b）と「補助奨励金＋経営補助」（c）とを控除した金額である。

2　原告の２００３（平成１５）年１月から２００７（平成１９）年６月までの間の損害（損失）の合計額は、以下のとおりである。

２００３（平成１５）年	３９，４４４，２４８円
２００４（平成１６）年	４３，９８３，４４２円
２００５（平成１７）年	４８，６２４，２３２円
２００６（平成１８）年	５２，２３２，４８８円
２００７（平成１９）年	２７，９６９，７８８円
合　計	２１２，２５４，１９８円

3　本訴訟において、原告は、そのうち金１００，０００，０００円を請求するものである（一部請求）。

第８　結論

よって、原告は、被告毎日新聞社に対しては債務不履行又は不法行為による損害賠償請求権もしくは不当利得返還請求権に基づき、被告上田に対しては不法行為による損害賠償請求権に基づき、各自金１００，０００，０００円及びこれに対する本訴状送達の日の翌日から支払済みまで年５分の割合による遅延損害金の支払を求め、本訴に及んだ次第である。

以　上

2003(H15)年　蛍ケ池販売所

部数一覧表

月	送り部数(A) 朝夕セット	朝刊	合計	実売部数(B) (セット)＋朝	注文部数(C) (B)×1.02	押し紙部数(D) (A)－(C)
1	1740	540	2280	815	831	1449
2	1740	540	2280	809	825	1455
3	1740	540	2280	809	825	1455
4	1740	540	2280	811	827	1453
5	1740	540	2280	807	823	1457
6	1740	540	2280	795	811	1469
7	1740	540	2280	790	806	1474
8	1740	540	2280	790	806	1474
9	1740	540	2280	785	801	1479
10	1740	540	2280	788	804	1476
11	1740	540	2280	784	800	1480
12	1740	540	2280	785	801	1479
合計	20880	6480	27360	9568	9760	17600

損害額一覧表

月	請求金額(a) セット＋朝刊	相当金額(b) 注文部数×2296	補助奨励金＋経営補助(c)	損害(損失)(d) (a)－(b)－(c)
1	5,146,860	1,907,976	2,060,000	1,178,884
2	5,146,860	1,894,200	2,060,000	1,192,660
3	5,146,860	1,894,200	2,060,000	1,192,660
4	5,146,860	1,898,792	2,010,000	1,238,068
5	5,146,860	1,889,608	2,010,000	1,247,252
6	5,146,860	1,862,056	2,010,000	1,274,804
7	5,146,860	1,850,576	2,010,000	1,286,284
8	5,146,860	1,850,576	2,010,000	1,286,284
9	5,146,860	1,839,096	2,010,000	1,297,764
10	5,146,860	1,845,984	1,890,000	1,410,876
11	5,146,860	1,836,800	1,890,000	1,420,060
12	5,146,860	1,839,096	1,890,000	1,417,764
合計	61,762,320	22,408,960	23,910,000	15,443,360

2003(H15)年　豊中販売所

部数一覧表

月	送り部数(A) 朝夕セット	朝刊	合計	実売部数(B) (セット)＋朝	注文部数(C) (B)×1.02	押し紙部数(D) (A)－(C)
1	930	820	1750	480	490	1260
2	930	820	1750	485	495	1255
3	930	820	1750	478	488	1262
4	930	820	1750	480	490	1260
5	930	820	1750	478	488	1262
6	930	820	1750	475	485	1265
7	930	820	1750	476	486	1264
8	930	820	1750	471	480	1270
9	930	820	1750	474	483	1267
10	930	820	1750	478	486	1264
11	930	820	1750	481	491	1259
12	930	820	1750	478	488	1262
合計	11160	9840	21000	5734	5850	15150

損害額一覧表

月	請求金額(a) セット＋朝刊	相当金額(b) 注文部数×2296	補助奨励金＋経営補助(c)	損害(損失)(d) (a)－(b)－(c)
1	3,884,340	1,125,040	775,000	1,984,300
2	3,884,340	1,136,520	850,000	1,897,820
3	3,884,340	1,120,448	775,000	1,988,892
4	3,884,340	1,125,040	800,000	1,959,300
5	3,884,340	1,120,448	800,000	1,963,892
6	3,884,340	1,113,560	800,000	1,970,780
7	3,884,340	1,115,856	800,000	1,968,484
8	3,884,340	1,102,080	725,000	2,057,260
9	3,884,340	1,108,968	725,000	2,050,372
10	3,884,340	1,120,448	730,000	2,033,892
11	3,884,340	1,127,336	730,000	2,027,004
12	3,884,340	1,120,448	665,000	2,098,892
合計	46,612,080	13,436,192	9,175,000	24,000,888

合計

損害(損失)合計額
3,163,184
3,090,480
3,181,552
3,197,368
3,211,144
3,245,584
3,254,768
3,343,544
3,348,136
3,444,768
3,447,064
3,516,656
39,444,248

2004(H16)年　蛍ケ池販売所

部数一覧表

月	送り部数(A) 朝夕セット	朝刊	合計	実売部数(B) (セット)＋朝	注文部数(C) (B)×1.02	押し紙部数(D) (A)－(C)
1	1760	520	2280	774	789	1491
2	1760	520	2280	779	795	1485
3	1760	520	2280	782	798	1482
4	1760	520	2280	778	794	1486
5	1760	520	2280	775	791	1489
6	1760	520	2280	779	795	1485
7	1760	520	2280	776	792	1488
8	1760	520	2280	770	785	1495
9	1760	520	2280	767	782	1498
10	1760	550	2310	757	772	1538
11	1760	520	2280	756	771	1509
12	1760	520	2280	752	767	1513
合計	21120	6270	27390	9245	9431	17959

損害額一覧表

月	請求金額(a) セット＋朝刊	相当金額(b) 注文部数×2296	補助奨励金＋経営補助(c)	損害(損失)(d) (a)－(b)－(c)
1	5,150,120	1,811,544	1,890,000	1,448,576
2	5,150,120	1,825,320	1,890,000	1,434,800
3	5,150,120	1,832,208	1,860,000	1,457,912
4	5,150,120	1,823,024	1,760,000	1,567,096
5	5,150,120	1,816,136	1,760,000	1,573,984
6	5,150,120	1,825,320	1,760,000	1,564,800
7	5,150,120	1,818,432	1,730,000	1,601,688
8	5,150,120	1,802,360	1,730,000	1,617,760
9	5,150,120	1,795,472	1,730,000	1,624,648
10	5,214,110	1,772,512	1,712,500	1,729,098
11	5,150,120	1,770,216	1,682,500	1,697,404
12	5,150,120	1,761,032	1,682,500	1,706,588
合計	61,865,430	21,653,576	21,187,500	19,024,354

2004(H16)年　豊中販売所

部数一覧表

月	送り部数(A) 朝夕セット	朝刊	合計	実売部数(B) (セット)＋朝	注文部数(C) (B)×1.02	押し紙部数(D) (A)－(C)
1	950	800	1750	481	491	1259
2	950	800	1750	474	483	1267
3	950	800	1750	470	479	1271
4	950	800	1750	474	483	1267
5	950	800	1750	479	489	1261
6	950	800	1750	479	489	1261
7	950	800	1750	480	490	1260
8	950	800	1750	484	494	1256
9	950	800	1750	484	494	1256
10	950	800	1750	484	494	1256
11	950	800	1750	485	495	1255
12	950	800	1750	481	491	1259
合計	11400	9600	21000	5755	5872	15128

損害額一覧表

月	請求金額(a) セット＋朝刊	相当金額(b) 注文部数×2296	補助奨励金＋経営補助(c)	損害(損失)(d) (a)－(b)－(c)
1	3,887,600	1,127,336	730,000	2,030,264
2	3,887,600	1,108,968	730,000	2,048,632
3	3,887,600	1,099,784	665,000	2,122,816
4	3,887,600	1,108,968	740,000	2,038,632
5	3,887,600	1,122,744	675,000	2,089,856
6	3,887,600	1,122,744	740,000	2,024,856
7	3,887,600	1,125,040	710,000	2,052,560
8	3,887,600	1,134,224	645,000	2,108,376
9	3,887,600	1,134,224	645,000	2,108,376
10	3,887,600	1,134,224	610,000	2,143,376
11	3,887,600	1,136,520	660,000	2,091,080
12	3,887,600	1,127,336	660,000	2,100,264
合計	46,651,200	13,482,112	8,210,000	24,959,088

合計

損害(損失) 合計額
3,478,840
3,483,432
3,580,728
3,605,728
3,663,840
3,589,656
3,654,248
3,726,136
3,733,024
3,872,474
3,788,484
3,806,852
43,983,442

2005(H17)年　蛍ケ池販売所

部数一覧表

月	送り部数(A) 朝夕セット	送り部数(A) 朝刊	送り部数(A) 合計	実売部数(B) (セット)＋朝	注文部数(C) (B)×1．02	押し紙部数(D) (A)－(C)
1	1780	520	2300	740	755	1545
2	1770	520	2290	744	759	1531
3	1770	520	2290	741	756	1534
4	1780	570	2350	745	760	1590
5	1780	510	2290	746	761	1529
6	1780	510	2290	742	757	1533
7	1780	510	2290	740	755	1535
8	1780	510	2290	741	756	1534
9	1780	510	2290	741	756	1534
10	1780	510	2290	748	763	1527
11	1780	510	2290	753	768	1522
12	1780	510	2290	749	764	1526
合計	21340	6210	27550	8930	9110	18440

損害額一覧表

月	請求金額(a) セット＋朝刊	相当金額(b) 注文部数×2296	補助奨励金＋経営補助(c)	損害(損失)(d) (a)－(b)－(c)
1	5,196,040	1,733,480	1,682,500	1,780,060
2	5,173,080	1,742,664	1,672,500	1,757,916
3	5,173,080	1,735,776	1,672,500	1,764,804
4	5,302,690	1,744,960	1,682,500	1,875,230
5	5,174,710	1,747,256	1,622,500	1,804,954
6	5,174,710	1,738,072	1,622,500	1,814,138
7	5,174,710	1,733,480	1,442,500	1,998,730
8	5,174,710	1,735,776	1,622,500	1,816,434
9	5,174,710	1,735,776	1,622,500	1,816,434
10	5,174,710	1,751,848	1,540,000	1,882,862
11	5,174,710	1,763,328	1,540,000	1,871,382
12	5,174,710	1,754,144	1,540,000	1,880,566
合計	62,242,570	20,916,560	19,262,500	22,063,510

2005(H17)年　豊中販売所

部数一覧表

月	送り部数(A) 朝夕セット	送り部数(A) 朝刊	送り部数(A) 合計	実売部数(B) (セット)＋朝	注文部数(C) (B)×1．02	押し紙部数(D) (A)－(C)
1	970	800	1770	476	486	1284
2	960	800	1760	477	487	1273
3	960	800	1760	476	486	1274
4	970	800	1770	488	498	1272
5	970	790	1760	485	495	1265
6	970	790	1760	480	490	1270
7	970	790	1760	474	483	1277
8	970	790	1760	465	474	1286
9	970	790	1760	463	472	1288
10	970	800	1770	460	469	1301
11	970	790	1760	461	470	1290
12	970	790	1760	459	468	1292
合計	11620	9530	21150	5664	5778	15372

損害額一覧表

月	請求金額(a) セット＋朝刊	相当金額(b) 注文部数×2296	補助奨励金＋経営補助(c)	損害(損失)(d) (a)－(b)－(c)
1	3,933,520	1,115,856	660,000	2,157,664
2	3,910,560	1,118,152	650,000	2,142,408
3	3,910,560	1,115,856	650,000	2,144,704
4	3,933,520	1,143,408	620,000	2,170,112
5	3,912,190	1,136,520	610,000	2,165,670
6	3,912,190	1,125,040	555,000	2,232,150
7	3,912,190	1,108,968	610,000	2,193,222
8	3,912,190	1,088,304	610,000	2,213,886
9	3,912,190	1,083,712	610,000	2,218,478
10	3,933,520	1,076,824	525,000	2,331,696
11	3,912,190	1,079,120	560,000	2,273,070
12	3,912,190	1,074,528	520,000	2,317,662
合計	47,007,010	13,266,288	7,180,000	26,560,722

合計

損失合計額
3,937,724
3,900,324
3,909,508
4,045,342
3,970,624
4,046,288
4,191,952
4,030,320
4,034,912
4,214,558
4,144,452
4,198,228
48,624,232

66

2006(H18)年　蛍ケ池販売所

部数一覧表

月	送り部数(A) 朝夕セット	送り部数(A) 朝刊	送り部数(A) 合計	実売部数(B) (セット)＋朝	注文部数(C) (B)×1.02	押し紙部数(D) (A)−(C)
1	1780	540	2320	740	755	1565
2	1780	520	2300	737	752	1548
3	1780	520	2300	737	752	1548
4	1780	540	2320	733	748	1572
5	1780	520	2300	732	747	1553
6	1780	520	2300	728	743	1557
7	1780	520	2300	727	742	1558
8	1780	520	2300	726	741	1559
9	1780	520	2300	717	731	1569
10	1780	530	2310	719	733	1577
11	1780	520	2300	720	734	1566
12	1780	520	2300	719	733	1567
合計	21360	6290	27650	8735	8911	18739

損害額一覧表

月	請求金額(a) セット＋朝刊	相当金額(b) 注文部数×2296	補助奨励金＋経営補助(c)	損害(損失)(d) (a)−(b)−(c)
1	5,238,700	1,733,480	1,570,000	1,935,220
2	5,196,040	1,726,592	1,550,000	1,919,448
3	5,196,040	1,726,592	1,550,000	1,919,448
4	5,238,700	1,717,408	1,540,000	1,981,292
5	5,196,040	1,715,112	1,520,000	1,960,928
6	5,196,040	1,705,928	1,520,000	1,970,112
7	5,196,040	1,703,632	1,520,000	1,972,408
8	5,196,040	1,701,336	1,350,000	2,144,704
9	5,196,040	1,678,376	1,520,000	1,997,664
10	5,217,370	1,682,968	1,305,000	2,229,402
11	5,196,040	1,685,264	1,452,500	2,058,276
12	5,196,040	1,682,968	1,452,500	2,060,572
合計	62,459,130	20,459,656	17,850,000	24,149,474

2006(H18)年　豊中販売所

部数一覧表

月	送り部数(A) 朝夕セット	送り部数(A) 朝刊	送り部数(A) 合計	実売部数(B) (セット)＋朝	注文部数(C) (B)×1.02	押し紙部数(D) (A)−(C)
1	970	810	1780	463	472	1308
2	970	800	1770	465	474	1296
3	970	800	1770	464	473	1297
4	970	810	1780	467	476	1304
5	970	800	1770	465	474	1296
6	970	800	1770	467	476	1294
7	970	800	1770	462	471	1299
8	970	800	1770	456	465	1305
9	970	800	1770	453	462	1308
10	970	810	1780	464	473	1307
11	970	800	1770	455	464	1306
12	970	800	1770	457	466	1304
合計	11640	9630	21270	5538	5646	15624

損害額一覧表

月	請求金額(a) セット＋朝刊	相当金額(b) 注文部数×2296	補助奨励金＋経営補助(c)	損害(損失)(d) (a)−(b)−(c)
1	3,954,850	1,083,712	530,000	2,341,138
2	3,933,520	1,088,304	570,000	2,275,216
3	3,933,520	1,086,008	570,000	2,277,512
4	3,954,850	1,092,896	550,000	2,311,954
5	3,933,520	1,088,304	495,000	2,350,216
6	3,933,520	1,092,896	495,000	2,345,624
7	3,933,520	1,081,416	540,000	2,312,104
8	3,933,520	1,067,640	540,000	2,325,880
9	3,933,520	1,060,752	540,000	2,332,768
10	3,954,850	1,086,008	490,000	2,378,842
11	3,933,520	1,065,344	450,000	2,418,176
12	3,933,520	1,069,936	450,000	2,413,584
合計	47,266,230	12,963,216	6,220,000	28,083,014

合計

損害(損失)合計額
4,276,358
4,194,664
4,196,960
4,293,246
4,311,144
4,315,736
4,284,512
4,470,584
4,330,432
4,608,244
4,476,452
4,474,156
52,232,488

平成２０年（ワ）第７３９６号　損害賠償請求事件
原　　告　　高　　屋　　肇
被　　告　　株式会社毎日新聞社外１名

反　訴　状

平成２０年１１月４日

大阪地方裁判所　第２５民事部　合議イ係　御　中

反訴原告（本訴被告）株式会社毎日新聞社訴訟代理人
弁　護　士　高　　木　　茂　太　市
同　　　　　里　　井　　義　　昇

新聞販売残代金請求反訴事件

訴訟物の価額　金１１，７３３，７３０円
貼用印紙額　　金　　　５６，０００円

頭書事件について、本訴被告株式会社毎日新聞社は、次のとおり、反訴を提起する。

副本

1

第１　　請　求　の　趣　旨

１　反訴被告（本訴原告）は、反訴原告（本訴被告）株式会社毎日新聞社に対し、金１１，７３３，７３０円及びこれに対する反訴状送達の日の翌日から支払済みに至るまで年６分の割合による金員を支払え。

２　反訴費用は、反訴被告（本訴原告）の負担とする

との判決並びに仮執行の宣言を求める。

第２　　請　求　の　原　因

１　昭和３５年８月、反訴被告（本訴原告）は、反訴原告（本訴被告）株式会社毎日新聞社との間で、新聞販売委託契約を締結し、「毎日新聞蛍ヶ池販売所」という屋号で、また、その後、「毎日新聞豊中販売所」という屋号で、それぞれの地域において、新聞販売店業務を開始し、新聞販売店を運営していたが、平成１９年６月２０日、反訴被告（本訴原告）が申し出て、反訴原告（本訴被告）株式会社毎日新聞社との間で協議した結果、同年７月１日をもって、新聞販売店業務を廃業することとなり、「毎日新聞蛍ヶ池販売所」及び「毎日新聞豊中販売所」の新聞販売店業務は、反訴被告（本訴原告）から、反訴原告（本訴被告）株式会社毎日新聞社へと、引き継がれることとなった。

２　反訴被告（本訴原告）は、上記廃業直前の年度末残高確認の際も、反訴原告（本訴被告）株式会社毎日新聞社に対し、「毎日新聞蛍ヶ池販売所」との関係で、金２１，１９８，０００円の新聞販売残代金未払債務が存することを確認していたが（乙第１号証の１「残高確認書［平成１９年３月３１日現在］」売掛金欄に記載された金額は当然ながら、甲第５号証－４［平成１９年４月度］「前月締切残　金２１，１９８，０００円」の金額と合致するもの）、平成１９年６月２０日、廃業精算をめぐる話し合いの中で、平成１９年５月度までの新聞販売代金未払金（金２１，１９８，０００円［当月末日締め・翌月末払い

2

］）については、そのうち、金９，０００，０００円は、反訴原告（本訴被告）株式会社毎日新聞社が譲歩するも、残金については、反訴被告（本訴原告）が、信認金、代償金及び現金により支払うことで、あらためて、双方合意した経緯が存する（現に、金２，４６０，０００円については、かかる精算合意に基づき、平成１９年６月度の請求書「甲第５号証－６［請求明細書入金欄金２，４６０，０００円］」において、既に処理済みである）。

3　反訴被告（本訴原告）の、反訴原告（本訴被告）株式会社毎日新聞社に対する、本日現在の未払い残高は、以下のとおり、①上記精算合意に基づく残額の、平成１９年５月度までの新聞販売代金未払金残金（金４，３４６，４８９円）と②平成１９年６月の新聞販売代金７，３８７，２４１円の合計金１１，７３３，７３０円に及ぶ。

【残代金明細一覧】

⑴平成19年５月度請求分までの新聞販売残代金	金２１，１９８，０００円
※（乙第１号証の１「残高確認書」及び甲第５号証－４）	
⑵精算合意に基づく減額分	－金９，０００，０００円
⑶小　計	金１２，１９８，０００円
⑷信認金額確認書（乙第２号証）	－金１，９４１，０１３円
⑸代償金（毎日新聞蛍ヶ池販売所分－乙第３号証）	－金３，６５４，０２８円
代償金（毎日新聞　豊中販売所分－乙第４号証）	－金２，２５６，４７０円
⑹平成１９年５月度までの新聞販売代金未払金残金（⑶－⑷－⑸）	
	金４，３４６，４８９円
⑺平成１９年６月の新聞販売代金	金７，３８７，２４１円
（毎日新聞蛍ヶ池販売所分－甲第５号証－６）	金３，７２３，６１３円
（毎日新聞豊中販売所分－甲第１０号証－６）	金３，６６３，６２８円
⑻合　計（⑹＋⑺）	
新聞販売残代金等残高（本日現在）	金１１，７３３，７３０円

4 「結語」

よって、反訴原告（本訴被告）株式会社毎日新聞社は、反訴被告（本訴原告）に対し、新聞販売残代金金１１，７３３，７３０円及びこれに対する反訴状送達の日の翌日から支払済みに至るまで年６分の割合による遅延損害金の支払いを求める次第である。

証　拠　方　法

1　乙第１号証の１「残高確認書（平成１９年　３月３１日現在）」
2　乙第１号証の２「確認書　　（平成１８年　９月３０日現在）」
3　乙第１号証の３「確認書　　（平成１８年　３月３１日現在）」
4　乙第２号証　　「信認金額確認書」
5　乙第３号証　　「代償金（毎日新聞蛍ヶ池販売所分」
6　乙第４号証　　「代償金（毎日新聞豊中販売所分」

添　付　書　類

1　乙各号証写し　　各１通
2　訴訟委任状　　１　通

以　上

4